Rechtliche Voraussetzungen für die materielle Privatisierung kommunaler Sparkassen

Europäische Hochschulschriften

Publications Universitaires Européennes
European University Studies

Reihe II
Rechtswissenschaft

Série II Series II
Droit
Law

Bd./Vol. 3903

PETER LANG
Frankfurt am Main · Berlin · Bern · Bruxelles · New York · Oxford · Wien

Alexander Scheike

Rechtliche Voraussetzungen für die materielle Privatisierung kommunaler Sparkassen

Eine Untersuchung unter besonderer Berücksichtigung der Rechtsform der eingetragenen Genossenschaft

PETER LANG
Europäischer Verlag der Wissenschaften

Bibliografische Information Der Deutschen Bibliothek
Die Deutsche Bibliothek verzeichnet diese Publikation in der Deutschen Nationalbibliografie; detaillierte bibliografische Daten sind im Internet über <http://dnb.ddb.de> abrufbar.

Zugl.: Osnabrück, Univ., Diss., 2004

D 700
ISSN 0531-7312
ISBN 3-631-52470-6

www.peterlang.de

Vorwort

Die vorliegende Arbeit wurde vom Fachbereich Rechtswissenschaften der Universität Osnabrück im Wintersemester 2003/2004 als Dissertation angenommen. Sie ist hinsichtlich Rechtsprechung und Literatur auf dem Stand Oktober 2003.

Meinem Doktorvater, Herrn Prof. Dr. Jörn Ipsen, gilt mein besonderer Dank für die Aufnahme als Doktorand und seine freundliche Betreuung. Ebenso danke ich dem Zweitgutachter, Herrn Privatdozent Dr. Thorsten Koch.

Weiterhin danke ich herzlich meinen Freunden aus Studientagen, Herrn Pastor Dr. Heinrich Bernhard Kraienhorst, Herrn Rechtsanwalt Peter Heyers und Herrn Dr. Winfried Bohl, für ihre Unterstützung.

Mein Dank gilt schließlich auch dem Genossenschaftsverband Norddeutschland e.V., eben dort insbesondere Herrn Dr. Bernd K. Bode, der mir die Gelegenheit gab, die Dissertation fertig zu stellen.

Hannover, Januar 2004 Alexander Scheike

Meinen Eltern

Inhaltsverzeichnis

Abkürzungsverzeichnis

a.A.	anderer Ansicht
Abs.	Absatz
AG	Aktiengesellschaft
AktG	Aktiengesetz
allg.	allgemein
a.M.	am Main
Anh.	Anhang
AöR	Archiv für öffentliches Recht
Art.	Artikel
AT	Allgemeiner Teil
Bay.	Bayern, bayrisch
BayVerfGH	Verfassungsgerichtshof für den Freistaat Bayern
BetrVG	Betriebsverfassungsgesetz
BGB	Bürgerliches Gesetzbuch
BGH	Bundesgerichtshof
BKartA	Bundeskartellamt
BRRG	Beamtenrechtsrahmengesetz
BT-Drs.	Drucksache des Deutschen Bundestages
BVerfG	Bundesverfassungsgericht
BVerfGE	Entscheidungen des Bundesverfassungsgerichts
BVerwG	Bundesverwaltungsgericht
BVR	Bundesverband der Deutschen Volksbanken und Raiffeisenbanken e.V.
bzw.	beziehungsweise
ca.	circa
dass.	dasselbe
DDR	Deutsche Demokratische Republik
ders.	derselbe
DGRV	Deutscher Genossenschafts- und Raiffeisenverband e.V.
dies.	dieselbe
Diss.	Dissertation

DÖV	Die öffentliche Verwaltung
Drs.	Drucksache
DSGV	Deutscher Sparkassen- und Giroverband e.V.
DVBl.	Deutsches Verwaltungsblatt
eG	eingetragene Genossenschaft
EG	Europäische Gemeinschaften
EGV	Vertrag über die Gründung einer Europäischen Gemeinschaft
ENeuOG	Eisenbahnneuordnungsgesetz
e.V.	eingetragener Verein
EU	Europäische Union
EWG	Europäische Wirtschaftsgemeinschaft
f.	folgende
ff.	fortfolgende
Fn.	Fußnote
GenG	Genossenschaftsgesetz
gem.	gemäß
GewArch	Gewerbearchiv
GG	Grundgesetz
ggf.	gegebenenfalls
GmbH	Gesellschaft mit beschränkter Haftung
GmbHG	GmbH-Gesetz
GO	Gemeindeordnung
GVBl.	Gesetz- und Verordnungsblatt
GWB	Gesetz gegen Wettbewerbsbeschränkungen
Hess.	Hessen, hessisch
HGB	Handelsgesetzbuch
Hrsg.	Herausgeber
i.d.R.	in der Regel
InsO	Insolvenzordnung
i.S.d.	im Sinne des
i.V.m.	in Verbindung mit
JZ	Juristenzeitung
Kreditwesen	Zeitschrift für das gesamte Kreditwesen

KWG	Kreditwesengesetz
Meckl.-Vorp.	Mecklenburg-Vorpommern, mecklenburg-vorpommerisch
Mio.	Millionen
Mrd.	Milliarden
MuSa	Mustersatzung
m.w.N.	mit weiteren Nachweisen
Nds.	Niedersachsen, niedersächsisch
NdsVBl.	Niedersächsische Verwaltungsblätter
NJW	Neue Juristische Wochenschrift
Nr.	Nummer
NVwZ	Neue Zeitschrift für Verwaltungsrecht
NVwZ-RR	NVwZ-Rechtsprechungsreport
N.-W.	Nordrhein-Westfalen, nordrhein-westfälisch
OVG	Oberverwaltungsgericht
ÖBA	Österreichisches Bankarchiv
Ö-KWG	österreichisches Kreditwesengesetz
Ö-SpG	österreichisches Sparkassengesetz
rd.	rund
RGBl.	Reichsgesetzblatt
Rh.-Pf.	Rheinland-Pfalz, rheinland-pfälzisch
Rn.	Randnummer
Saarl.	Saarland, saarländisch
S.-A.	Sachsen-Anhalt, sachsen-anhaltinisch
Sächs.	sächsisch
S.	Seite
SpkG	Sparkassengesetz
SpkVO	Sparkassenverordnung
u.	und
u.a.	unter anderem
UmwG	Umwandlungsgesetz
Verf.	Verfassung
VerwArch	Verwaltungsarchiv
VwVfG	Verwaltungsverfahrensgesetz

WiVerw	Wirtschaftsverwaltung
WM	Wertpapier-Mitteilungen
www	world wide web
ZBB	Zeitschrift für Bank- und Börsenrecht
ZfB	Zeitschrift für Betriebswirtschaft
ZögU	Zeitschrift für öffentliche und gemeinwirtschaftliche Unternehmen
z.B.	zum Beispiel

Einleitung

A. Problemstellung und Ziel der Untersuchung

Kommunale Sparkassen sind wie andere öffentliche Unternehmen seit langem Gegenstand einer Privatisierungsdiskussion. Im Rahmen dieser Diskussion wird nicht nur ihr öffentlicher Auftrag in Frage gestellt. Es werden auch die verschiedensten Privatisierungsformen angesprochen. Dieses jedoch mit unterschiedlicher Intensität. Detailliert erörtert wird regelmäßig eine Organisationsprivatisierung und eine sich anschließende Vermögensprivatisierung. Die Aufgabenstellung des sparkassenspezifischen öffentlichen Auftrages wird dabei fallen oder aber die Privatisierung lediglich insoweit zugelassen, als dass der öffentliche Auftrag nach wie vor der öffentlichen Hand verbleibt. Demgegenüber nachrangig wird eine materielle Privatisierung kommunaler Sparkassen betrachtet, die neben der Privatisierung von Organisationsform und Vermögen auch die Wahrung ihrer bisherigen Aufgabenstellung durch Private umfasst.

Ebenso wird die Frage nach der möglichen privaten Organisationsform für kommunale Sparkassen im Rahmen der Privatisierungsdiskussion einseitig beantwortet. Hier wird zumeist die Aktiengesellschaft genannt. Ausführungen zu anderen Rechtsformen treten demgegenüber in den Hintergrund.

Die vorliegende Arbeit will nun dazu beitragen, dieser Entwicklung entgegenzutreten. Die materielle Privatisierung einer kommunalen Sparkasse und insbesondere damit auch die Wahrung ihrer bisherigen Aufgabenstellung durch Private soll einmal in den Mittelpunkt gerückt und im Einzelnen nachvollzogen werden. Dabei soll als private Organisationsform nicht die Aktiengesellschaft, sondern die Rechtsform der eingetragenen Genossenschaft Berücksichtigung finden.

Da die derzeit geltende Rechtslage einem solchen kommunalen Privatisierungsvorhaben entgegensteht, ist es schließlich auch Ziel der Untersuchung, anhand der gewonnenen Erkenntnisse hinreichende Gesetzgebungsmaßnahmen für die Realisierung einer materiell privatisierten kommunalen „Sparkassen eG“ aufzuzeigen.

B. Gang der Untersuchung

Die Arbeit gliedert sich in sechs Teile.

In einem ersten Teil werden die kommunalen Sparkassen als öffentliche Unternehmen des Staatssektors vorgestellt, insbesondere ihr rechtlicher Rahmen und die sie im kreditwirtschaftlichen Wettbewerb kennzeichnenden Merkmale.

Gegenstand des zweiten Teils ist die Privatisierung kommunaler Sparkassen. Einleitend werden die möglichen Privatisierungsformen aufgezeigt. Sodann wird zum einen auf den Stand der Privatisierungsdiskussion und zum anderen auf die bereits im Sparkassenrecht auszumachenden Privatisierungstendenzen eingegangen. Darüber hinaus lenken Exkurse den Blick auf entsprechende Entwicklungen bei den Landesbanken und bei Sparkassen im europäischen Ausland.

In einem dritten Teil findet die Privatisierungsform der materiellen Privatisierung auf eine kommunale Sparkasse Anwendung. Dazu wird die kommunale Sparkasse einer vollständigen Aufgaben- und Vermögensprivatisierung unter Wahrung ihrer bisherigen Aufgabenstellung unterzogen, ohne dass auf die bestehende Rechtslage und auf eine bestimmte private Organisationsform abgestellt wird. Die Wahrung weiterer sparkassenspezifischer Kennzeichen wird thematisiert, und es wird die materiell privatisierte kommunale Sparkasse mit den freien Sparkassen verglichen.

Im vierten Teil wiederum wird eine bestimmte private Organisationsform für kommunale Sparkassen näher betrachtet und zwar die der eingetragenen Genossenschaft. Es werden die Kreditgenossenschaften dargestellt, vor allem der rechtliche Rahmen innerhalb dessen sie tätig werden, und problematisiert, inwiefern durch sie sparkassenspezifische Kennzeichen gewahrt werden können. Der Teil endet mit einer Darstellung der bisherigen Abhandlungen zur „Sparkassen eG" im Rahmen der Privatisierungsdiskussion.

Der fünfte Teil gibt Auskunft über die Realisierung einer materiell privatisierten kommunalen „Sparkassen eG". Ausgeführt wird zu den derzeitigen rechtlichen Grenzen einer dahingehenden kommunalen Initiative, den möglichen Umwandlungsverfahren und zur nachhaltigen Sicherstellung sparkassenspezifischer Kennzeichen, einschließlich der Aufgabenstellung des öffentlichen Auftrages. Zudem werden Vorschläge und Entwürfe hinreichender Vertrags- und Gesetzestexte unterbreitet.

Im sechsten Teil erfolgt schließlich ein wettbewerbsrechtlicher Ausblick.

Erster Teil: Die kommunalen Sparkassen als öffentliche Unternehmen

Der Staat nimmt als Wirtschaftssubjekt am wirtschaftlichen Wettbewerb teil.[1] Er tritt am Markt auf der Nachfrage- und auf der Angebotsseite auf. Der Staat investiert und konsumiert also nicht nur für den eigenen Bedarf. Insbesondere aus wirtschafts- und sozialpolitischen Erwägungen betreibt er darüber hinaus selbst Wirtschaftsunternehmen, beteiligt sich an solchen und erzeugt Güter und Dienste für Dritte durch die Betriebszweige der Verwaltung, der Anstalten und Einrichtungen.[2] Betroffen sind davon die verschiedensten Wirtschaftsbereiche wie der Verkehrs-, der Banken- und der Energiesektor.[3] Stellvertretend kann auf die Deutsche (Bundes-) Bahn AG,[4] die Beteiligungen der Länder an den Landesbanken und die kommunalen Energieversorgungsunternehmen verwiesen werden.[5] Die Gesamtheit der vielfältigen Teilnahme des Staates am wirtschaftlichen Wettbewerb wird als Staatssektor bezeichnet.[6] Instrument des staatlichen Wirkens als Glied der Wirtschaft sind die öffentlichen Unternehmen.[7] Zu diesen öffentlichen Unternehmen, die der Staat betreibt, gehören auch die kommunalen Sparkassen.[8]

---

1 Püttner, Die öffentlichen Unternehmen, S.1; Schmidt, Öffentliches Wirtschaftsrecht AT, S.502; Stober, Allgemeines Wirtschaftsverwaltungsrecht, S.275

2 Henneke, Öffentliches Finanzwesen/Finanzverfassung, S.93ff.

3 Jarass, Wirtschaftsverwaltungsrecht, S.193f.; Stober, Allgemeines Wirtschaftsverwaltungsrecht, S.276; Storr, Der Staat als Unternehmer, S.11ff.

4 Bundesministerium der Finanzen, Beteiligungsbericht 2002, S.63

5 Storr, Der Staat als Unternehmer, S.11ff.

6 Badura, Besonderes Verwaltungsrecht, S.300; Raabe, Der Staatssektor in der sozialen Marktwirtschaft, S.38; Stober, Allgemeines Wirtschaftsverwaltungsrecht, S.276

7 Ehlers, JZ 1990, 1092; Püttner, DÖV 1983, 697

8 Arndt, Besonderes Verwaltungsrecht, S.785; Brzoska, Die öffentlich-rechtlichen Sparkassen, S.12; Jarass, Wirtschaftsverwaltungsrecht, S.215; Püttner, Die öffentlichen Unternehmen, S.61; Schmidt, Öffentliches Wirtschaftsrecht AT, S.504; Stern/Burmeister, Die kommunalen Sparkassen, S.66

A. Die historische Entwicklung der kommunalen Sparkassen

Die kommunalen Sparkassen entstanden aus dem Gedanken, den Wohlstand der ärmeren Bevölkerung durch Hilfe zur Selbsthilfe zu stärken.[9] Tagelöhnern sollte die Möglichkeit gegeben werden, beliebig kleine Geldbeträge verzinst und unpfändbar bei einer Kasse anzulegen. Hugues Delestre hatte diese Vorgehensweise im Jahre 1611 in Frankreich vorgeschlagen.[10]

I. Gründungsphase

In Deutschland wurde erstmals im Jahre 1778 eine Kasse dieser Art eingerichtet, die „Ersparungs-Classe" der „Patriotischen Gesellschaft zur Beförderung der Künste, der nützlichen Gewerbe und des Unterrichts" in Hamburg.[11] Es handelte sich wie auch bei den nachfolgenden Sparkassengründungen um eine private Initiative.[12] Kommunale Sparkassen gibt es erst seit dem Jahre 1801.[13]

Das Interesse der Kommunen an kommunalen Sparkassen wuchs aber mit der Armut nach den napoleonischen Kriegen. Die Kommunen waren bestrebt, durch das Anheben des Volkswohlstandes der gesetzlichen Verpflichtung zur Armenpflege zu begegnen.[14] Zusätzlich begünstigten die Stein-Hardenbergschen Reformen 1808 die Entwicklung.[15] Bereits im Jahre 1836 gab es in Deutschland

---

9 Frick, Die Staatsaufsicht über kommunale Sparkassen, S.68; Speck/Wilsdorf, Die Liquiditätsverhältnisse der deutschen Sparkassen, S.16; Trende, Geschichte der deutschen Sparkassen, S.20f.

10 Bohling, Sparkassenorganisation und Wirtschaftslenkung, S.6f.; Trende, Geschichte der deutschen Sparkassen, S.4; Haller, Entwicklung und Wesen der Staatsaufsicht, S.2; Weber, öffentliche Unternehmen, S.149

11 Brzoska, Die öffentlich-rechtlichen Sparkassen, S.84; Frick, Die Staatsaufsicht über kommunale Sparkassen, S.67f.; Mura, Sparkasse 1995, 88; Trende, Geschichte der deutschen Sparkassen, S.29

12 Frick, Die Staatsaufsicht über kommunale Sparkassen, S.88; Speck/Wilsdorf, Die Liquiditätsverhältnisse der deutschen Sparkassen, S.16; Trende, Geschichte der deutschen Sparkassen, S.20f.

13 Brzoska, Die öffentlich-rechtlichen Sparkassen, S.84; Mura, Sparkasse 1995, 88; Trende, Geschichte der deutschen Sparkassen , S.55

14 BVerfGE 75, 192 (198); Frick, Die Staatsaufsicht über die kommunalen Sparkassen, S.69f.; Röper, Die Wettbewerbsfunktion der deutschen Sparkassen und das Subsidiaritätsprinzip, S.22; Stern/Burmeister, Die kommunalen Sparkassen, S.64

15 Bohling, Sparkassenorganisation und Wirtschaftslenkung, S.8; Brzoska, Die öffentlich-rechtlichen Sparkassen, S.85; Stern/Burmeister, Die kommunalen Sparkassen, S.64

171 kommunale Sparkassen.[16] Legislatives Vorbild wurde das preußische Reglement, die Einrichtung des Sparkassenwesens betreffend, vom 12. Dezember 1838.[17]

Die kommunalen Sparkassen waren rechtlich unselbständige Gemeindeeinrichtungen und als solche der allgemeinen Kommunalaufsicht unterstellt.[18] Regionale Sparkassenverbände, die zwischenzeitlich entstanden, führten Revisionen zunächst freiwillig und später im Auftrag der Aufsichtsbehörden durch.[19]

II. Erweiterung der Bankgeschäfte

Zu Beginn des 20. Jahrhunderts gab es etwa 2.700 kommunale Sparkassen.[20] Diese wuchsen mehr und mehr in das eigentliche Bankgeschäft hinein.[21] So weiteten sie das Aktiv- und Passivgeschäft aus, im Jahre 1908 wurde ihnen die Scheckfähigkeit verliehen[22] und im Jahre 1909 die Teilnahme am Kontokorrentverkehr gestattet.[23] Ein eigenes Gironetz wurde aufgebaut und Effektenkommission und Wertpapierdepotgeschäfte genehmigt.[24] Schließlich waren alle Bankgeschäfte erlaubt, die nicht im Widerspruch zum öffentlichen Auftrag standen.[25] Eine Beschränkung ergab sich erst durch die Mustersatzung des Deutschen Sparkassen- und Giroverbandes von 1927.[26]

---

16 Brzoska, Die öffentlich-rechtlichen Sparkassen, S.85; Haller, Entwicklung und Wesen der Staatsaufsicht über die kommunalen Sparkassen, S.10

17 Wettbewerbsenquete der Bundesregierung, BT-Drs. V/3500, 18; Brzoska, Die öffentlich-rechtlichen Sparkassen, S.85f.; Mura, Sparkasse 1983, 70; Twiehaus, Die öffentlich-rechtlichen Kreditinstitute, S.7

18 BVerfGE 75, 192 (198); Sprengel, Die Erneuerung des Sparkassenrechts in der Bundesrepublik Deutschland, S.6

19 Kessler, Aufsichtskonkurrenz im Sparkassenwesen, S.9; Trende, Geschichte der deutschen Sparkassen, S.333ff., 455ff.

20 Bohling, Sparkassenorganisation und Wirtschaftslenkung, S.9; Dick, Die Verflechtung zwischen Sparkassen und Girozentralen, S.15; Mura, Sparkasse 1995, 88

21 Wettbewerbsenquete der Bundesregierung, BT-Drs. V/3500, S.18

22 Wettbewerbsenquete der Bundesregierung, BT-Drs. V/3500, S.18; Trende, Geschichte der deutschen Sparkassen, S.446

23 Brzoska, Die öffentlich-rechtlichen Sparkassen, S.99; Mura, Sparkassen 1985, 279

24 Dick, Die Verflechtung zwischen Sparkassen und Girozentralen, S.16f.; Geiger, Die deutsche Sparkassenorganisation, S.14

25 Claussen, Teilprivatisierung kommunaler Sparkassen?, S.26; Dick, Die Verflechtung zwischen Sparkassen und Girozentralen, S.17f.

26 Mura, Sparkassen 1985, 280f.; Hedrich, Die Privatisierung kommunaler Sparkassen, S.30

III. Rechtliche Verselbständigung

Die kommunalen Sparkassen erweiterten aber nicht nur die Bankgeschäfte. Sie wurden im Laufe der Zeit darüber hinaus zwar nicht rechtlich, aber verwaltungsmäßig weitestgehend aus der Gemeindeorganisation herausgelöst und entwickelten sich zu öffentlichen Unternehmen.[27] Juristische Personen des öffentlichen Rechts und damit rechtlich selbständig wurden sie schließlich auf Grund der Dritten Notverordnung des Reichspräsidenten zur Sicherung von Wirtschaft und Finanzen und zur Bekämpfung politischer Ausschreitungen vom 6. Oktober 1931.[28]

Die Notverordnung verpflichtete die Landesregierungen, die Spar- und Girokassen zu Anstalten mit eigener Rechtspersönlichkeit umzugestalten. Dadurch sollte die Möglichkeit ausgeschlossen werden, dass finanzschwache Gemeinden im Rahmen der Wirtschaftskrise auf das Sparkassenvermögen zurückgriffen.[29] Die Haftung der Trägerkörperschaften für die Verbindlichkeiten der kommunalen Sparkassen blieb allerdings als gesetzliche Gewährträgerhaftung bestehen.[30] Um die Integration in den Verwaltungsaufbau sicherzustellen, wurde die Sparkassenaufsicht der Länder geschaffen.[31] Die Kommunalaufsicht war nur noch für Entscheidungen der Gemeinde in Sparkassenangelegenheiten zuständig. Darüber hinaus fielen die Sparkassen gemeinsam mit den anderen Kreditinstituten unter eine allgemeine Bankenaufsicht und einen Konzessionszwang infolge des Kreditwesengesetzes von 1934.[32]

IV. Entwicklung nach dem Zweiten Weltkrieg

Nach dem Zweiten Weltkrieg ermöglichten die Währungsreform 1948 und die Verkündung des Grundgesetzes 1949 den kommunalen Sparkassen eine Fortent-

---

27 Wettbewerbsenquete der Bundesregierung, BT-Drs. V/3500, S.18; Brzoska, Die öffentlich-rechtlichen Sparkassen, S.100f.; Kessler, Die Aufsichtskonkurrenz im Sparkassenwesen, S.11; Schlierbach/Püttner, Das Sparkassenrecht, S.4

28 RGBl. I S.537, 554; BVerfGE 75, 192 (198); Brzoska, Die öffentlich-rechtlichen Sparkassen, S.101; Babo, Sparkassen und Steuerprivilegien, S.5; Stern/Burmeister, Die kommunalen Sparkassen, S.66

29 Brzsoka, Die öffentlich-rechtlichen Sparkassen, S.101; Schlierbach/Püttner, Das Sparkassenrecht, S.3f.; Stern/Burmeister, Die kommunalen Sparkassen, S.66

30 Wettbewerbsenquete der Bundesregierung, BT-Drs. V/3500, S.18; Brzoska, Die öffentlich-rechtlichen Sparkassen, S.101; Stern/Burmeister, Die kommunalen Sparkassen, S.66

31 Collofong, Sparkasse 1950, S.113; Kessler, Die Aufsichtskonkurrenz im Sparkassenwesen, S.13

32 RGBl. I S.1203

wicklung.[33] Insbesondere durch die bargeldlosen Lohn- und Gehaltszahlungen, durch den Konsumenten- und Mittelstandskredit wandelten sich die kommunalen Sparkassen zu Universalkreditinstituten und wurden mit wachsenden Kundenansprüchen im Wertpapier-, Auslands- und Industriebereich konfrontiert.[34] Der Landesgesetzgeber versuchte, diesem Wandel Rechnung zu tragen.[35] So wurde der öffentliche Auftrag der kommunalen Sparkassen modifiziert, die personelle Selbstverwaltung und die Organzweiteilung in Vorstand und Verwaltungsrat eingeführt.[36] Obwohl die Sparkassen andererseits wesentliche Privilegien verloren, haben sie sich auf diese Weise zu modernen, marktorientierten und wettbewerbsfähigen Kreditinstituten entwickeln können.[37]

V. Auswirkungen der deutschen Wiedervereinigung

In der DDR hatten sich im Anschluss an den Zweiten Weltkrieg die Sparkassen gesondert entwickelt. Es waren die alten Sparkassen verboten und neue im Rahmen der zentralen Planwirtschaft errichtet worden.[38] Deren wichtigste Aufgabe war der Sparverkehr und der bargeldlose Zahlungsverkehr. Der Bargeldumlauf in der Bevölkerung sollte möglichst gering gehalten werden und kontrollierbar sein.[39]

Mit der deutschen Wiedervereinigung wurde das Sparkassenwesen der DDR für den Wettbewerb der Kreditwirtschaft neu organisiert.[40] Dazu wurde im Wesentlichen das Sparkassenwesen der alten Bundesländer in den neuen Bundesländern eingeführt.[41] Zum Jahresende 1990 gab es dort 195 kommunale Sparkassen, die in wenigen Jahren den Standard der alten Bundesländer erreichten.[42]

---

33 Mura, Sparkasse 1995, 229; ders., Sparkasse 1983, 260; Geiger, Die deutsche Sparkassenorganisation, S.16; Sprengel, DÖV 1952, 71

34 Geiger, Die deutsche Sparkassenorganisation, S.18; Zügel, Sparkassen im Wandel, S.14

35 Fischer, Sparkasse 1979, 37f.; Mura, Sparkasse 1983, 261ff.; Schlierbach/Püttner, Das Sparkassenrecht, S.5ff.

36 Brzoska, Die öffentlich-rechtlichen Sparkassen, S.104; Schlierbach/Püttner, Das Sparkassenrecht, S.5f.

37 Fischer, Sparkasse 1992, 570; Geiger, Die deutsche Sparkassenorganisation, S.19; Kirchhof, Die Rechtspflicht zur Übertragung von Zweigstellen, S.4f.

38 Geiger, Neugestaltung des ostdeutschen Sparkassenwesens 1990 bis 1995, S.15 u. S.346; Günther, Sparen-Investieren-Finanzieren, S.279ff.

39 Geiger, Die deutsche Sparkassenorganisation, S.20f.

40 Geiger, Die deutsche Sparkassenorganisation, S.21f.

41 Geiger, Neugestaltung des ostdeutschen Sparkassenwesens 1990 bis 1995, S.15f.

42 Geiger, Neugestaltung des ostdeutschen Sparkassenwesens 1990 bis 1995, S.348 u. S.359f.

B. Bestandteil der Sparkassen-Finanzgruppe

Die kommunalen Sparkassen sind Bestandteil der Sparkassenorganisation, der sogenannten Sparkassen-Finanzgruppe.[43] Die Sparkassen-Finanzgruppe ist ein dezentraler, dreistufiger, arbeitsteiliger Verbund,[44] der es jedem Mitglied der Sparkassen-Finanzgruppe ermöglicht, den Wettbewerb mit der übrigen Kreditwirtschaft aufzunehmen.[45] Auf der Primärebene finden sich die kommunalen und die freien Sparkassen, auf der Sekundärebene die regionalen Sparkassen- und Giroverbände sowie die regionalen Landesbanken/Girozentralen. Auf nationaler und damit der Tertiärebene stehen der Deutsche Sparkassen- und Giroverband e.V. und die Deka Bank/Deutsche Girozentrale.[46] Vervollständigt wird dieser dreistufige Verbund durch weitere Verbundunternehmen.[47]

I. Regionale Sparkassen- und Giroverbände

Die kommunalen und die freien Sparkassen sind in den regionalen Sparkassen- und Giroverbänden organisiert.[48] Gesetzliche Regelungen zur Errichtung dieser Verbände und den Verbandsaufgaben ergeben sich regelmäßig aus den Sparkassengesetzen der Länder.[49] Es handelt sich grundsätzlich um Körperschaften des öffentlichen Rechts, und ihre Träger sind die Sparkassen und deren Gewährträger.[50] Zu den Verbandsaufgaben gehört es insbesondere, die Interessen der Mitglieder wahrzunehmen und Prüfungseinrichtungen zu unterhalten, die gesetzlich vorgesehene Prüfungen im Auftrag der Rechts- und Fachaufsichtsbehörde ermöglichen.[51]

---

43 Berndt, ZögU Beiheft 27/2001, S.6

44 Geise, Sparkasse 1993, 58; Habeck, Sparkassen als Universalbanken?, S.33; Nachbaur, Vertikale Verbundkooperation zwischen Sparkassen und Girozentralen, S.5f.; Speck/Wilsdorf, Die Liquiditätsverhältnisse der deutschen Sparkassen, S.26f.

45 Fischer, Sparkassen im Wandel, S.134;Geise, Sparkasse 1993, 56ff.; Meyer-Köster, Die Sonderstellung der Sparkassen im Wettbewerb, S.8

46 Hanel, Prozessuale Beratung im kreditgenossenschaftl. Finanzverbund, S.35f.; Kohlhof/Wilke, Perspektiven zur Privatisierung öffentlich-rechtlicher Sparkassen, S.13

47 Berndt, ZögU Beiheft 27/2001, S.6

48 Geiger, Die deutsche Sparkassenorganisation, S.35, 126; Schlierbach/Püttner, Das Sparkassenrecht, S.304ff.

49 Siehe z.B. §§32ff. Nds.SpkG; §§47ff. N.-W.SpkG; §25 Rh.-Pf.SpkG

50 Geiger, Die deutsche Sparkassenorganisation, S.125f.

51 Schlierbach/Püttner, Das Sparkassenrecht, S.291f.

II. Regionale Landesbanken/ Girozentralen

Die regionalen Sparkassen- und Giroverbände beteiligen sich üblicherweise als Träger an den regionalen Landesbanken/ Girozentralen.[52] Dabei handelt es sich grundsätzlich um rechtlich selbständige Anstalten des öffentlichen Rechts.[53] Zu den Aufgaben der regionalen Landesbanken/Girozentralen gehört es, den Sparkassen Dienste in den Bereichen anzubieten, in denen diese allein nicht tätig werden. Sie sind als Girozentralen zudem zentrale Verrechnungsstellen für den bargeldlosen Zahlungsverkehr und sorgen für den Liquiditätsausgleich zwischen den Sparkassen.[54]

III. Der Deutsche Sparkassen- und Giroverband e.V. und die Deka Bank/ Deutsche Girozentrale

Zentrale Einrichtungen der regionalen Verbände und der regionalen Landesbanken/Girozentralen sind der Deutsche Sparkassen- und Giroverband e.V. und die Deka Bank/Deutsche Girozentrale.[55]

Der Deutsche Sparkassen- und Giroverband e.V. ist ein rechtsfähiger Verein, der insbesondere die Interessen seiner Mitglieder auf nationaler und internationaler Ebene vertritt und als zentrale Einrichtung für die Weiterentwicklung der Sparkassenorganisation wirkt.[56]

Die Deka Bank/Deutsche Girozentrale ist eine rechtsfähige Anstalt des öffentlichen Rechts und dient u.a. als Zentralstelle der regionalen Girozentralen. Sie ist zum Jahresanfang 1999 aus der Fusion von Deutscher Girozentrale-Deutscher Kommunalbank und der Deka Bank GmbH hervorgegangen.[57] Ihre ursprüngliche Bedeutung als Girozentrale hatte die Deutsche Girozentrale-Deutsche Kommunalbank nach dem Zweiten Weltkrieg nicht wiedererlangt.[58]

---

52 Habeck, Sparkassen als Universalbanken? S.47; Klein, Die Privatisierung der Sparkassen und Landesbanken, S.37f.

53 Schlierbach/Püttner, Das Sparkassenrecht, S.305

54 Geiger, Die deutsche Sparkassenorganisation, S.89; Schlierbach/Püttner, Das Sparkassenrecht, S.323; Schulze-Borges, Innerbetriebliche Kontrollprobleme bei Sparkassen, S.21f.

55 Deutscher Sparkassen- und Giroverband, Jahresbericht 2002, S.

56 Geiger, Die deutsche Sparkassenorganisation, S.130ff.; Schlierbach/Püttner, Das Sparkassenrecht, S.315

57 Deka Bank/Deutsche Girozentrale, Unternehmensporträt, S.2

58 Gerick, Die Beteiligung der Sparkassen und Giroverbände an den Landesbanken, S.29; Hedrich, Die Privatisierung der Sparkassen, S.44; Geiger, Die deutsche Spar-

IV. Die Verbundunternehmen

Komplettiert wird die Sparkassen-Finanzgruppe durch Verbundunternehmen, die als Gemeinschaftseinrichtungen überwiegend in privater Rechtsform organisiert sind.[59] Es handelt sich u.a. um die Landesbausparkassen, Rechenzentren, Kapital-, Leasing- und Factoringgesellschaften sowie die öffentlichen Versicherungen.[60]

C. Stellung im Wettbewerb der Kreditwirtschaft

Mit Unterstützung der Sparkassen-Finanzgruppe nehmen die kommunalen Sparkassen als öffentliche Unternehmen am Wettbewerb der Kreditwirtschaft teil. Dieser Wettbewerb ist intensiv und durch eine hohe Marktdurchdringung geprägt. So kommt unter Berücksichtigung der Postbank AG in der Bundesrepublik Deutschland eine Bankstelle auf ca. 1.400 Einwohner.[61]

Die Sparkassen sind als Universalbanken an diesem Wettbewerb beteiligt und betreiben damit im Gegensatz zu den Spezialbanken alle wesentlichen Bankgeschäfte.[62] Ende 2002 waren es 519 Sparkasseninstitute, die 15.628 Zweigstellen unterhielten und insgesamt eine Bilanzsumme von 997.929 Millionen Euro auswiesen.[63] Im Verhältnis zur Bilanzsumme aller Banken in Deutschland Ende 2002 entsprach das einem Marktanteil von etwa 15,5 %.[64] Die Sparkassen-Finanzgruppe insgesamt hatte einen Marktanteil von 36,9%. Das Geschäftsvolumen der Kreditbanken wiederum machte einen Marktanteil von 28,8%, das der Kreditgenossenschaften 12,1% und das der sonstigen Wettbewerbsteilnehmer 22,2% aus.[65]

---

kassenorganisation, S.85; Meyer-Köster, Die Sonderstellung der Sparkassen im Wettbewerb, S.8

59 Bohling, Sparkassenorganisation und Wirtschaftslenkung, S.3; Geiger, Die deutsche Sparkassenorganisation, S.110ff.

60 Berndt, ZögU Beiheft 27/2001, S.6

61 Eigene Berechnung unter Berücksichtigung einer Einwohnerzahl von 80 Mio. und Angaben der Deutschen Bundesbank, Bankenstatistik August 2003, S.104

62 Fischer, Sparkasse 1992, 568; Geiger, Sparkasse 1992, 454; Habeck, Sparkassen als Universalbanken?, S.205, mit der Einschränkung, dass sich dieser Status erst durch die Eingliederung in das Verbundsystem ergibt.

63 Deutsche Bundesbank, Bankenstatistik August 2003, S.12 u. S.104

64 Eigene Berechnung unter Berücksichtigung der Angaben der Deutschen Bundesbank, Bankenstatistik August 2003, S.6

65 Deutscher Sparkassen- und Giroverband, Jahresbericht 2002 - Märkte, S.16

Die Sparkassen stehen mit den privaten Kreditbanken und den Kreditgenossenschaften in einem Gruppenwettbewerb.[66] Auch die privaten Kreditbanken und die Kreditgenossenschaften sind als Universalbanken tätig, unterscheiden sich jedoch durch ihre private Rechtsform und ihre anders geartete geschäftspolitische Ausrichtung. Ursprünglich unterschieden sich die Wettbewerbsgruppen darüber hinaus auch durch unterschiedliche Geschäftsschwerpunkte. Ihre Tätigkeiten und damit ihr Kundenkreis haben sich im Laufe der Zeit aber immer mehr angeglichen.[67] Insofern treten die Sparkassen neben den privaten Kreditbanken und den Kreditgenossenschaften nunmehr gleichgestellt auf dem Markt in Erscheinung.

Die Kreditgenossenschaften, zu denen nachstehend noch weitergehend ausgeführt wird, sind ebenso wie die Sparkassen in einem dezentralen, dreistufigen Verbund zusammengeschlossen. Ein Wettbewerb innerhalb des Verbundes tritt wie bei der Sparkassen-Finanzgruppe zurück hinter die Konkurrenz mit den anderen Teilnehmern des Gruppenwettbewerbs.[68] Gesetzlich festgelegter Zweck der Kreditgenossenschaften ist es, den Erwerb und die Wirtschaft der Mitglieder zu fördern.[69] Die privaten Kreditbanken dagegen sind überwiegend als Aktiengesellschaften organisiert, auf reine Gewinnerzielung ausgerichtet und stehen nicht nur mit den Sparkassen und Kreditgenossenschaften, sondern auch untereinander im Wettbewerb.[70]

D. Rechtliche Grundlagen

Die rechtlichen Grundlagen der kommunalen Sparkassen ergeben sich aus dem Bundes- und Landesrecht. Das Bundesrecht erfasst die kommunalen Sparkassen in ihrer Rolle als öffentliche Unternehmen und Kreditinstitute. Das Landesrecht dagegen prägt die Gestalt der Sparkassen als kommunale Einrichtungen. Entsprechend wird unterschieden zwischen dem Sparkassenwirtschaftsrecht und dem Sparkassenorganisationsrecht.[71]

---

66 Geiger, Sparkasse 1992, 454; Schulze-Borges, Innerbetriebliche Kontrollprobleme bei Sparkassen, S.40; Rehm, WM 1993, 135; Wagner, Die deutsche Kreditwirtschaft, S.40

67 BVerfGE 64, 229 (241); 75, 192 (199); Kirchhof, Die Rechtspflicht zur Übertragung von Zweigstellen, S.4; Schulze-Borges, Innerbetriebliche Kontrollprobleme bei Sparkassen, S.22f.; Zügel, Sparkassen im Wandel, S.14

68 Bundesministerium der Finanzen, Unser Bankwesen, S.34ff.; Meyer-Köster, Die Sonderstellung der Sparkassen im Wettbewerb, S.9ff.

69 Siehe § 1 Abs.1 GenG

70 Bundesministerium der Finanzen, Unser Bankwesen, S.30ff.; Meyer-Köster, Die Sonderstellung der Sparkassen im Wettbewerb, S.9

71 Fischer-Abt, Die öffentliche Aufgabe der Sparkassen, S.37

Die Unterscheidung ergibt sich aus den jeweiligen Gesetzgebungskompetenzen. Wenn es sich um das Recht der Wirtschaft handelt, ist die konkurrierende Gesetzgebungskompetenz des Bundes nach Art.74 Abs.1 Nr.11 GG gegeben.[72] Der Bund normiert insofern die Geschäftspolitik und Wirtschaftsführung der kommunalen Sparkassen.[73] Bei den Ländern liegt die Gesetzgebungskompetenz, soweit kommunales Wirtschaftsrecht oder die der Länderorganisation unterliegenden Anstalten des öffentlichen Rechts betroffen sind.[74] Organisation, Aufgabe und Verwaltung der kommunalen Sparkassen regelt somit das Landessparkassenrecht.[75]

Eine Abgrenzung zwischen Sparkassenwirtschafts- und Sparkassenorganisationsrecht ist im Einzelfall häufig problematisch.[76]

I. Bundesrecht

Trotz der Gesetzgebungskompetenz des Bundes ergibt sich aus dem Bundesrecht kein eigenständiges Bundessparkassenrecht. Das unter die Zuständigkeit des Bundes fallende Sparkassenwirtschaftsrecht ist vielmehr Bestandteil des Wirtschaftsrechts der Banken, des öffentlichen Bankrechts. Dieses ist geprägt durch die Sonderstellung der Kreditwirtschaft innerhalb der Volkswirtschaft.

Durch die Funktion der Kreditwirtschaft als Einlagensammelstelle, Kreditgeber sowie Träger von Zahlungseinrichtungen haben Schwierigkeiten und Insolvenzen in diesem Bereich eine erheblich weitreichendere Breitenwirkung als vergleichbare Tatbestände in anderen Wirtschaftsbereichen.[77] Zudem kann die Deutsche Bundesbank ihrer Rolle als nationale Währungshüterin nur gerecht werden, wenn sie auf ein funktionierendes Bankensystem Einfluss nehmen kann.[78] Um dieses zu gewährleisten, hat der Bundesgesetzgeber für die Kreditwirtschaft einen

---

72 Brzoska, Die öffentlich-rechtlichen Sparkassen, S.19; Geiger, Die deutsche Sparkassenorganisation, S.22f; Obermann, Die kommunale Bindung der Sparkassen, S.8f.; Twiehaus, Die öffentlich-rechtlichen Kreditinstitute, S.8f.

73 Babo, Sparkassen und Steuerprivilegien, S.10; Brzoska, Die öffentlich-rechtlichen Sparkassen, S.19 u. S.230; Kessler, Aufsichtskonkurrenz im Sparkassenwesen, S.54

74 Geiger, Die deutsche Sparkassenorganisation, S.22; Nierhaus, Regionalprinzip und Sparkassenhoheit im europäischen Binnenmarkt, S.89; Twiehaus, Die öffentlich-rechtlichen Kreditinstitute, S.8f

75 Babo, Sparkassen und Steuerprivilegien, S.10; Brzoska, Die öffentlich-rechtlichen Sparkassen, S.19; Kessler, Aufsichtskonkurrenz im Sparkassenwesen, S.54; Kirchhof, Die Rechtspflicht zur Übertragung von Zweigstellen, S.7

76 Kirchhof, Die Rechtspflicht zur Übertragung von Zweigstellen, S.7

77 Fischer, Bankrecht, S.242f.; Humm, Bankenaufsicht und Währungssicherung, S.45f.

78 Siebelt, Der juristische Verhaltensspielraum der Zentralbank, S.205

wettbewerbspolitischen Ausnahmebereich geschaffen,[79] und zwar vornehmlich durch das Kreditwesengesetz und § 29 GWB.

Nur in diesem Rahmen haben die kommunalen Sparkassen auf Bundesebene nicht nur als Kreditinstitute, sondern auch als kommunale Sparkassen einzelne spezielle wirtschaftsrechtliche Regelungen durch den Gesetzgeber erfahren.

1. Eigenmittelausstattung gem. § 10 KWG

So müssen Kreditinstitute gemäß § 10 Abs.1 KWG im Interesse der Erfüllung ihrer Verbindlichkeiten gegenüber ihren Gläubigern ein angemessenes haftendes Eigenkapital haben. Da den kommunalen Sparkassen aber selten Eigenkapital von außen zur Verfügung gestellt worden ist,[80] werden ausdrücklich deren Rücklagen gemäß § 10 Abs.2 a Nr.4 KWG als haftendes Eigenkapital angerechnet.

2. Bezeichnungsschutz gem. § 40 KWG

Des weiteren dürfen die Bezeichnung „Sparkasse“ gemäß § 40 KWG nur öffentlich-rechtliche Sparkassen sowie andere Unternehmen führen, die diese Bezeichnung bereits vor Inkrafttreten des KWG befugt geführt hatten. Mit dem Bezeichnungsschutz soll der allgemeinen Vorstellung Rechnung getragen werden, bei Sparkassen handele es sich um Kreditinstitute, die das Spargeschäft kraft öffentlichen Auftrages besonders pflegen.[81]

II. Landesrecht

Auf Landesebene gibt es im Unterschied zum Bundesrecht dagegen eine eigenständige sparkassenrechtliche Gesetzgebung. Das Sparkassenrecht der Länder – das Sparkassenorganisationsrecht – besteht aus den Sparkassengesetzen, -verordnungen, Mustersatzungen und den Sparkassensatzungen selbst. Zwischen den Regelungen der einzelnen Bundesländer sind Unterschiede wie Gemeinsamkeiten festzustellen. Die gemeinsamen Strukturen sind Grundlage der folgenden Betrachtung.

---

79 Kubitz, Die Kreditwirtschaft als wettbewerbspolitischer Ausnahmebereich, S.1; Sandkühler, Bankrecht, S.8

80 Claussen, Teilprivatisierung kommunaler Sparkassen?, S.86; Oebecke,Rechtsfragen der Eigenkapitalausstattung der kommunalen Sparkassen, S.3; Szagunn, Gesetz über das Kreditwesen, § 10 KWG Rn.23

81 Szagunn, Gesetz über das Kreditwesen, § 40 KWG Rn.1

Das Sparkassenrecht der Länder prägt die Gestalt der kommunalen Sparkassen. Es ergeben sich daraus die sparkassenspezifischen Kennzeichen. Darüber hinaus wahren die Landessparkassengesetze auch eine Einbindung der Kommunen.[82]

1. Sparkassenspezifische Merkmale

Die kommunalen Sparkassen zeichnen sich durch eine Vielzahl sparkassenspezifischer Merkmale gegenüber den anderen Teilnehmern im Wettbewerb der Kreditwirtschaft aus.

a. Anstalten des öffentlichen Rechts

Zu den spezifischen Merkmalen kommunaler Sparkassen zählt zunächst ihre Organisationsform als rechtsfähige Anstalten des öffentlichen Rechts.[83] Sie werden errichtet von kommunalen Körperschaften wie Gemeinden, Kreisen oder kommunalen Zweckverbänden,[84] nachfolgend Kommunen genannt. Als rechtsfähige Anstalten des öffentlichen Rechts sind sie dazu bestimmt, in der Hand ihrer Träger einem besonderen öffentlichen Zweck dauernd zu dienen.[85] Ungeachtet der rechtlichen Verselbständigung gehört die Tätigkeit kommunaler Sparkassen damit zur mittelbaren Kommunalverwaltung.[86]

b. Öffentlicher Auftrag

Der öffentliche Zweck kommunaler Sparkassen, dem sie als Anstalten des öffentlichen Rechts zu dienen bestimmt sind, ist ihr öffentlicher Auftrag. Den öffentlichen Auftrag nehmen sie als Hauptzweck ihres Geschäftsbetriebes wahr und werden nicht vornehmlich gewinnorientiert tätig.[87] Der öffentliche Auftrag bringt

---

82 Claussen, Teilprivatisierung kommunaler Sparkassen?, S.29ff.; Fischer-Abt, Die öffentliche Aufgabe der Sparkassen, S.40ff.

83 Siehe z.B. Art. 3 Bay.SpkG; § 1 S.-A.SpkG; § 1 Meckl.-Vorp.SpkG; § 3 Nds.SpkG; § 2 N.-W.SpG; § 1 Rh.-Pf.SpkG; § 1 Saarl.SpkG

84 Siehe z.B. Art. 1 Bay.SpkG; § 1 S.-A.SpkG; § 1 Meckl.-Vorp.SpkG; § 1 Nds.SpG; § 1 N.-W.SpG; § 1 Rh.-Pf.SpkG; § 1 Saarl.SpkG

85 BVerfG, NVwZ 1995, 370 (371); Burmeister, Sparkassen im Wandel, S.30/Fn.30

86 BVerfGE 75, 192 (198f.); Babo, Sparkassenrecht und Steuerprivilegien, S.13; Kessler, Aufsichtskonkurrenz im Sparkassenwesen, S.132; Neuber, Sparkasse 1992, 167; Schlierbach/Püttner, Das Sparkassenrecht, S.11

87 Siehe z.B. § 3 N.-W.SpkG

zugleich das öffentliche Interesse zum Ausdruck, das die kommunalen Sparkassen als öffentliche Unternehmen legitimiert.[88]

Nach einer Verständigung zwischen der Sparkassenorganisation, den Ländern und den Kommunen aus dem Jahre 2001 besagt der öffentliche Auftrag der kommunalen Sparkassen gemeinhin, dass auf Grundlage der Markt- und Wettbewerbserfordernisse im Geschäftsgebiet einer kommunalen Sparkasse durch sie der Wettbewerb zu stärken ist. Des weiteren muss die kommunale Sparkasse eben dort eine angemessene und ausreichende Versorgung aller Bevölkerungskreise, insbesondere des Mittelstandes, mit geld- und kreditwirtschaftlichen Leistungen sicherstellen. Dadurch werde zugleich die Aufgabenerfüllung der Kommunen im wirtschaftlichen, regionalpolitischen, sozialen und kulturellen Bereich unterstützt.[89]

In diesem Sinne ist in den Sparkassengesetzen der Länder, die im Ergebnis maßgeblich sind, der öffentliche Auftrag der kommunalen Sparkassen festgelegt.[90]

c. *Anstaltslast und Gewährträgerhaftung*

Bislang zählten auch die kommunale Anstaltslast und die Gewährträgerhaftung zu den Wesensmerkmalen kommunaler Sparkassen.[91]

Infolge der Anstaltslast hatte der öffentliche Träger einer kommunalen Sparkasse die Pflicht, deren Funktionsfähigkeit zu erhalten und zu sichern.[92] Bei Zahlungsunfähigkeit haftete er als Gewährträger gegenüber den Gläubigern für die Verbindlichkeiten, soweit aus dem Vermögen der Sparkasse keine Befriedigung möglich war.[93]

Mitte der 90er Jahre des 20. Jahrhunderts kamen von Seiten der Europäischen Kommission Bedenken auf, ob diese Strukturelemente der kommunalen Sparkassen als unzulässige Beihilfen eingestuft werden könnten.[94] Ein diesbezügliches Beschwerdeverfahren, ausgelöst durch eine Beschwerde der Bankenvereinigung der Europäischen Union, endete im Jahre 2001 mit einer Verständigung der Bun-

---

88 Horn, Sparkasse 1999, 188; Kohlhof/Wilke, Perspektiven zur Privatisierung öffentlich-rechtlicher Sparkassen, S.20

89 Schmidt, Kreditwesen 2002, 726

90 Siehe z.B. Art. 2 Bay.SpkG; § 2 S.-A.SpkG; § 2 Meckl.-Vorp.SpkG; § 4 Nds.SpkG; § 3 N.-W.SpkG; § 2 Rh.-Pf.SpkG; § 2 SaarlSpkG;

91 Fischer-Abt, Die öffentliche Aufgabe der Sparkassen, S.27ff.; Geiger, Die deutsche Sparkassenorganisation, S.27f.

92 Siehe z.B. § 43 Nds.SpkG; § 6 N.-W.SpkG; § 5 Saarl.SpkG

93 Siehe z.B. § 5 Nds.SpkG; § 6 N.-W.SpkG; § 5 Saarl.SpkG

94 EG-Kommission, Non-paper on the treatment of Anstaltslast und Gewährträgerhaftung of public legal form credit institutions in view of Art. 92(1) of the Treaty

desregierung, der Bundesländer und des Deutschen Sparkassen- und Giroverbandes mit der Europäischen Kommission. Die Verständigung sieht die Auflösung der Gewährträgerhaftung nach einem gestaffelten Zeitplan und eine Ersetzung der Anstaltslast durch ein Verhältnis vor, das einem Privatinvestor entspricht.[95] Allein die Anstaltslast wird damit ersetzt und zwar durch eine marktwirtschaftliche Eigentümerbeziehung zwischen Kommune und kommunaler Sparkasse, die jedoch keine Einstandspflicht der Kommune begründet, sondern die uneingeschränkte Anwendung des Beihilfereglements der EU bedeutet. Ergeht eine negative Beihilfeentscheidung der Kommission, darf eine Kommune ihrer kommunalen Sparkasse künftig ohne weiteres kein Kapital mehr zuführen.[96] Faktisch entfällt damit im Ergebnis nicht nur die Gewährträgerhaftung, sondern auch die Anstaltslast.[97] Die kommunalen Sparkassen werden wie andere Kreditinstitute auch insolvenzfähig.[98]

Die Umsetzung der Verständigung erforderte eine Novellierung der Sparkassengesetze der Länder[99] bis zum Ende des Jahres 2002.[100] Als Beispiel einer solchen Novellierung kann § 3 des Sparkassengesetzes des Landes Mecklenburg-Vorpommern zitiert werden. Hier wird besonders deutlich, dass als sparkassenspezifische Merkmale die Anstaltslast aufgegeben wurde und die Gewährträgerhaftung nach einer Übergangsfrist entfällt.

Es heißt dort:

„(1) Die Sparkasse haftet für ihre Verbindlichkeiten mit ihrem gesamten Vermögen. Die Träger der Sparkasse haften nicht für deren Verbindlichkeiten.

(2) Die Träger der Sparkassen am 18. Juli 2005 haften für die Erfüllung sämtlicher zu diesem Zeitpunkt bestehender Verbindlichkeiten des jeweiligen Instituts. Für solche Verbindlichkeiten, die bis zum 18. Juli 2001 vereinbart waren, gilt dies zeitlich unbegrenzt; für danach bis zum 18. Juli 2005 vereinbarte Ver-

---

95 Henneke, NdsVBl. 2002, 117; Möschel, WM 2001, 1895f.; Steinbrück, Kreditwesen 2002, 750

96 Unter Berücksichtigung des Art. 86 Abs.2 EGV befindet die Kommission in diesem Zusammenhang dann auch darüber, ob kommunale Sparkassen mit Dienstleistungen von allgemeinen wirtschaftlichen Interesse betraut sind bzw. ihnen eine besondere Aufgabe übertragen wurde.

97 Kemmler, DVBl. 2003, 102; Möschel, WM 2001, 1895f.; Oebbecke, VerwArch 2002, 293; Pautsch, Privatisierung des öffentlichen Bankensektors, S.149; Schmidt, Kreditwesen 2002, 726f.; Wächter, Kreditwesen 2001, 535

98 Streuber, Europa und die deutsche Sparkassenorganisation, S.12; Pautsch, Privatisierung des öffentlichen Bankensektors, S.108f., der zudem auf einen Korrekturbedarf hinweist, wenn sich nach wie vor aus einem Landesgesetz unter Berücksichtigung des § 12 InsO ergibt, dass eine kommunale Sparkasse insolvenzunfähig ist.

99 Siehe z.B. § 43 Nds.SpkG; §§ 55, 56 N.-W.SpkG; §§ 3, 33 S.-A.SpkG

100 Streuber, Europa und die deutsche Sparkassenorganisation, S.10

bindlichkeiten nur, wenn deren Laufzeit nicht über den 31. Dezember 2015 hinausgeht...

(3) Die Träger unterstützen die Sparkasse bei der Erfüllung ihrer Aufgaben mit der Maßgabe, dass ein Anspruch der Sparkasse gegen die Träger oder eine sonstige Verpflichtung der Träger, der Sparkasse Mittel zur Verfügung zu stellen, nicht besteht.

..."

d. Gemeinnützigkeit

Die kommunalen Sparkassen zeichnen sich des weiteren als insgesamt gemeinnützige öffentliche Unternehmen aus.[101] Bereits der öffentliche Auftrag bedingt, dass die kommunalen Sparkassen dem gemeinen Nutzen dienen. Zudem sind sie, wie bereits erwähnt, nicht vornehmlich gewinnorientiert tätig.[102] Fällt aber ein Gewinn an, so ist dieser im Falle seiner Ausschüttung einer gemeinnützigen Verwendung zuzuführen, entweder von der kommunalen Sparkasse selbst oder aber von deren öffentlichem Träger.[103] Auch nach der Auflösung einer kommunalen Sparkasse besteht regelmäßig die Vorgabe, verbleibendes Vermögen für gemeinnützige Zwecke zu verwenden.[104]

e. Subsidiaritätsprinzip

Bei der Errichtung kommunaler Sparkassen ist sparkassenspezifisch, dass das Subsidiaritätsprinzip zur Anwendung kommt, wonach die kleinere Einheit den Vorrang hat. Eine Kreissparkasse ist also dort ausgeschlossen, wo bereits eine gemeindeeigene Sparkasse existiert.[105] Allein nachgewiesene schwerwiegende Argumente zur Wirtschaftlichkeit können eine Ausnahme begründen.[106] Davon zu unterscheiden ist die Geltung des Subsidiaritätsprinzips innerhalb der Sparkassen-Finanzgruppe, nach dem beispielsweise die Landesbanken/Girozentralen nur solche Aufgaben wahrnehmen, die kommunalen Sparkassen auf Grund rechtlicher oder wirtschaftlicher Beschränkung versagt sind.[107]

---

101 Fischer-Abt, Die öffentliche Aufgabe der Sparkassen, S.73ff.; Oellerking/Holzgrabe, Sparkassen und Genossenschaftsbanken, S.52ff.

102 Siehe Erster Teil D.II.1.b., S.32

103 Siehe z.B. § 27 S.-A.SpkG; § 27 Meckl.-Vorp.SpkG; § 27 Nds.SpkG; § 28 N.-W.SpkG; § 20 Rh.-Pf.SpkG; § 25 Saarl.SpkG

104 Siehe z.B. § 29 S.-A.SpkG; § 35 N.-W.SpkG

105 Siehe z.B. § 1 Abs.2 N.-W.SpkG; § 1 Saarl.SpkG

106 BVerfGE 79, 127ff.; Schlierbach/Püttner, Das Sparkassenrecht, S.31

107 Hedrich, Die Privatisierung der Sparkassen, S.46

f. Enumerationsprinzip

Sparkassenspezifisch ist zudem das Enumerationsprinzip.[108] Kommunale Sparkassen dürfen nur die in den Sparkassengesetzen vorgesehenen Geschäfte betreiben,[109] die nicht nur der Art nach, sondern auch hinsichtlich des Umfanges beschränkt sind. Die Wettbewerbsfähigkeit der kommunalen Sparkassen wird dadurch aber nicht in Frage gestellt, da über die Sparkassen-Finanzgruppe die Beschränkungen wieder aufgefangen werden.[110] In einzelnen Landessparkassengesetzen ist das Enumerationsprinzip sogar so modifiziert, dass grundsätzlich alle banküblichen Geschäfte betrieben werden dürfen und nur ausnahmsweise einzelne reglementiert sind.[111] In jedem Fall aber dient das Enumerationsprinzip der Risikobegrenzung.[112]

g. Regionalprinzip

Der Risikobegrenzung dient auch das Regionalprinzip, das zugleich einen Wettbewerb zwischen den kommunalen Sparkassen und einen Mittelabfluss in wirtschaftlich stärkere Regionen verhindert.[113] Das Regionalprinzip besagt, dass kommunale Sparkassen grundsätzlich nur im Gebiet ihres öffentlichen Trägers tätig werden dürfen.[114]

h. Sparkassenaufsicht

Auf Grund ihrer Organisationsform als Anstalten des öffentlichen Rechts unterliegen alle kommunale Sparkassen der Sparkassenaufsicht der Länder. Durch die Sparkassenaufsicht der Länder wird sichergestellt, dass Verwaltung und Geschäftsführung der kommunalen Sparkassen dem geltenden Recht entsprechen.[115] Es handelt sich mithin im Verhältnis zur Aufsicht der Bundesanstalt für Finanz-

---

108 Claussen, Teilprivatisierung kommunaler Sparkassen?, S.39; Fischer-Abt, Die öffentliche Aufgabe der Sparkassen, S.51

109 Siehe § 2 S.-A.SpkG i.V.m. S.-A.SpkVO; § 6 Nds.SpkG i.V.m. Nds.SpkVO;

110 Purbach, Die Auswirkungen des Binnenmarktes auf die Sparkassen, S.52

111 Siehe z.B. § 4 N.-W.SpkG; § 3 Saarl.SpkG

112 Wettbewerbsenquete der Bundesregierung, BT-Drs. V/3500, S.18f.; Claussen, Teilprivatisierung kommunaler Sparkassen?, S.40; Fischer, Sparkasse 1979, 37

113 Claussen, Teilprivatisierung kommunaler Sparkassen?, S.40; Fischer, Sparkasse 1979, 37

114 Siehe z.B. Art. 20 Bay.SpkG i.V.m. § 3 Bay.SpkVO; § 5 S.-A.SpkG; § 4 N.-W.SpkG i.V.m. § 5 N.-W.SpkVO

115 Siehe z.B. §§ 30, 31 S.-A.SpkG; §§ 28, 29 Nds.SpkG; §§ 29, 30 Saarl.SpkG

dienstleistungsaufsicht, die über die kommunalen Sparkassen in ihrer Rolle als Kreditinstitute wacht, um eine allgemeine Anstaltsaufsicht.[116]

i. Pflichtmitgliedschaft im regionalen Sparkassen- und Giroverband

Weiterhin sind die kommunalen Sparkassen ebenso wie ihre Gewährträger Pflichtmitglieder im jeweiligen regionalen Sparkassen- und Giroverband.[117] Sie werden dadurch automatisch Bestandteil der Sparkassenorganisation, der Sparkassen-Finanzgruppe. Zu den Aufgaben der regionalen Sparkassen- und Giroverbände wurde bereits vorstehend ausgeführt.[118]

j. Verbundprinzip

Über die Pflichtmitgliedschaft im regionalen Sparkassen- und Giroverband hinaus sichert schließlich das Verbundprinzip die Einbindung der kommunalen Sparkassen in die Sparkassen-Finanzgruppe.[119] Das Verbundprinzip gibt vor, dass die kommunalen Sparkassen ihre Geschäfte im Verbund mit den Unternehmen der Sparkassen-Finanzgruppe betreiben sollen.[120]

2. Einbindung der Kommunen

Die Sparkassengesetze der Länder bedingen aber nicht nur die vorstehend aufgezeigten sparkassenspezifischen Merkmale. Vor allem begründen sie auch eine kommunale Bindung der kommunalen Sparkassen und prägen dadurch deren Stellung gegenüber ihrem öffentlichen Träger.[121]

a. Errichtung, Vereinigung, Auflösung

So entscheidet die einzelne Kommune über Errichtung und Auflösung ihrer Sparkasse sowie über deren Vereinigung mit einer anderen kommunalen Sparkasse.[122] Die Kommune erlässt die Sparkassensatzung.[123] Erfolgt eine kommunale Neugliederung, so findet auch eine Neuordnung der Sparkasse statt.[124]

---

116 Schlierbach/Püttner, Das Sparkassenrecht, S.278
117 Siehe z.B. § 2 S.-A.SpkG; § 8 Nds.SpkG; § 47 N.-W.SpkG; § 40 Saarl.SpkG
118 Siehe Erster Teil B.I., S.26
119 Berndt, ZögU Beiheft 27/2001, S.7; Schuster, Sparkasse 1995, S.427
120 Siehe z.B. § 2 S.-A.SpkG; § 4 N.-W.SpkG i.V.m. § 4 N.-W.SpkVO; § 3 Saarl.SpkG
121 Geiger, Die deutsche Sparkassenorgansisation, S.24; Oellerking/Holzgrabe, Sparkassen und Genossenschaftsbanken, S.59ff.
122 Siehe z.B. §§ 2, 28, 29 S.-A.SpkG; §§ 1, 32, 35 N.-W.SpkG; §§ 1, 28 Saarl.SpkG

b. Personelle Besetzung der Sparkassenorgane

Die Kommune bestimmt des weiteren maßgeblich unmittelbar und mittelbar die personelle Besetzung der Sparkassenorgane.

Organe der kommunalen Sparkassen sind der Vorstand, der Verwaltungsrat und der Kreditausschuss. Der Vorstand leitet die Sparkasse und vertritt diese gerichtlich und außergerichtlich. Der Verwaltungsrat bestimmt die Richtlinien der Geschäftspolitik und überwacht die Geschäftsführung. Aufgabe des Kreditausschusses ist es, über Beschlüsse des Vorstandes zur Gewährung von Krediten zu befinden.[125] Die Trennung von Geschäftsführung und Aufsicht ist nach aktienrechtlichem Vorbild gestaltet.[126]

Der Hauptverwaltungsbeamte der Kommune ist nun regelmäßig der Vorsitzende des Verwaltungsrates und als solcher Vorsitzender des Kreditausschusses. Auch die weiteren Mitglieder des Verwaltungsrates werden zu einem überwiegenden Teil von der Kommune bestimmt. Der Verwaltungsrat wiederum bestellt üblicherweise den Vorstand, dessen Vorsitzenden und die übrigen Mitglieder des Kreditausschusses.[127]

c. Jahresabschluss, Entlastung und Gewinn

Darüber hinaus muss der Kommune als öffentlichem Träger einer kommunalen Sparkasse der geprüfte und vom Verwaltungsrat festgestellte Jahresabschluss sowie der Geschäftsbericht einschließlich Lagebericht vorgelegt werden. Die Vertretung der Kommune beschließt auf Grund der vorgelegten Unterlagen über die Entlastung des Verwaltungsrates. Hat sich ein Überschuss ergeben, ist es ebenfalls die Kommune, die regelmäßig als Empfänger einer Gewinnausschüttung vorgesehen ist.[128]

---

123 Siehe z.B. § 4 S.-A.SpkG; § 6 Nds.SpkG; § 5 N.-W.SpkG; § 4 Saarl.SpkG

124 Siehe z.B. §§ 35ff. Nds.SpkG; § 33 N.-W.SpkG

125 Siehe z.B. §§ 7ff. S.-A.SpkG; §§ 9ff. Nds.SpkG; §§ 8ff. N.-W.SpkG

126 Claussen, Teilprivatisierung kommunaler Sparkassen?, S.40; Mura, Sparkasse 1983, 261; Schlierbach/Püttner, Das Sparkassenrecht, S.5

127 Siehe z.B. §§ 7ff. S.-A.SpkG; §§ 9ff. Nds.SpG; §§ 8ff. N.-W.SpkG

128 Siehe z.B. §§ 26f. S.-A.SpkG; §§ 26f. Nds.SpG; §§ 27f. N.-W.SpkG

Zweiter Teil: Zum Stand der Privatisierung kommunaler Sparkassen

Die dargestellten kommunalen Sparkassen sind wie andere öffentliche Unternehmen von einer Entwicklung zur Privatisierung öffentlicher Unternehmen erfasst. Sie sind insofern nicht nur Gegenstand einer diesbezüglichen Diskussion, sie erfahren auch bereits Privatisierungstendenzen.

Die Privatisierung öffentlicher Unternehmen[129] war im Anschluss an den Zweiten Weltkrieg zunächst bestimmt durch die Umstellung der Kriegs- auf die Friedensproduktion.[130] Danach trat eine Politik der Vermögensbildung in den Vordergrund. Private wurden durch die Ausgabe von Volksaktien an Unternehmen wie dem Volkswagenwerk und der Veba beteiligt.[131] Seit den 70er Jahren des 20. Jahrhunderts sind die Privatisierungsmaßnahmen nun von einer anderen Qualität. Sie sind nicht mehr nur auf eine Herabsetzung der unternehmerischen Tätigkeit des Staates gerichtet. Es sind auch öffentliche Unternehmen betroffen, die Aufgaben der Verwaltung wahrnehmen.[132] Stellvertretend kann auf den Bereich der Telekommunikation und die bereits erfolgte Teilprivatisierung der Deutschen Telekom AG verwiesen werden.[133] Losgelöst von dieser Entwicklung kam infolge der deutschen Wiedervereinigung die Privatisierung der Staatsunternehmen der DDR hinzu.[134]

129 Eine allgemeingültige Definition findet sich nach wie vor nicht. So auch über die Jahre u.a.: Knemeyer, WiVerw 1978, 66; Pautsch, Privatisierung des öffentlichen Bankensektors, S.139; Schoch, DVBl. 1994, S.962; Weiß, Privatisierung und Staatsaufgaben, S.28f.

130 Loesch, Privatisierung öffentlicher Unternehmen, S. 24.; Knauss, Privatisierung in der Bundesrepublik Deutschland 1983-1990, S.143

131 Loesch, Privatisierung öffentlicher Unternehmen, S. 24ff.; Knauss, Privatisierung in der Bundesrepublik Deutschland 1983-1990, S.143

132 Görgmaier, DÖV 1977, 356; Knauss, Privatisierung in der Bundesrepublik Deutschland 1983-1990, S.143

133 Albach/Witte, ZfB-Ergänzungsheft 3/2000, S.VIII

134 Hüttermann, Privatisierungsfragen aus gesamtwirtschaftlicher Sicht, S.76

A. Mögliche Privatisierungsformen

Für die Privatisierung öffentlicher Unternehmen und damit auch für die Privatisierung kommunaler Sparkassen sind diverse Privatisierungsformen Grundlage der Betrachtung. Es kann zwischen den folgenden unterschieden werden:

I. Organisationsprivatisierung

Ein öffentliches Unternehmen unterliegt einer Organisationsprivatisierung, wenn dessen öffentlich-rechtliche Organisationsform in eine privatrechtliche Organisationsform wechselt.[135] Es wird auch von einer formellen Privatisierung gesprochen.[136] Die Privatisierung erfolgt insofern nur formell, als dass bei dieser Privatisierungsform Private weder am Vermögen des öffentlichen Unternehmens noch an dessen Aufgabe beteiligt werden. Das öffentliche Unternehmen verbleibt vollständig im Einfluss- und Verantwortungsbereich der öffentlichen Hand und ist weiterhin in die Staatsorganisation eingegliedert.[137] Ein Beispiel für eine derartige Privatisierung ist die Umwandlung des Sondervermögens Deutsche Bahn in eine Aktiengesellschaft.[138]

II. Vermögensprivatisierung

Um eine Vermögensprivatisierung handelt es sich, wenn der Staat Teile seines Vermögens an Private überträgt.[139] Von dieser Privatisierungsform sind vor allem Liegenschaften, aber auch öffentliche Unternehmen betroffen, an denen ein öffentliches Interesse nicht weiter besteht.[140] So war es im Fall der Lufthansa AG, die hinsichtlich ihres Vermögenswertes sogar sukzessiv privatisiert werden konnte, da es vorab einer Organisationsprivatisierung nicht bedurfte.[141]

---

135 Krölls, GewArch 1995, 130; Maurer, Allgemeines Verwaltungsrecht, S.527; Schoch, DVBl. 1994, 962; Wahl, DVBl. 1993, 519; Weiß, Privatisierung und Staatsaufgaben, S.29

136 Lange, Privatisierung der Rechtsform, S.1; Möschel, JZ 1988, 886; ders., WM 1993, 94; Stober, Allgemeines Wirtschaftsverwaltungsrecht, S.409

137 Vitzthum, AöR 104, 587

138 Vgl. ENeuOG Art.2

139 Schoch, DÖV 1993, 378; ders., DVBl. 1994, 962; Weiß, Privatisierung und Staatsaufgaben, S.35

140 Maurer, Allgemeines Verwaltungsrecht, S.527

141 Helm, Die Deutsche Lufthansa AG, S.131ff. u. S.278

III. Aufgabenprivatisierung

Von der Privatisierung der Organisationsform und der Vermögensprivatisierung ist die Aufgabenprivatisierung zu unterscheiden.[142] Gegenstand einer Aufgabenprivatisierung ist im Fall der Privatisierung eines öffentlichen Unternehmens allein dessen Aufgabe. Das Unternehmen selbst und damit das Mittel, mit dem der Staat die Aufgabe einst wahrgenommen hat, ist nicht Gegenstand der Betrachtung.

Unter Berücksichtigung dessen kann also die Aufgabe eines öffentlichen Unternehmens losgelöst von dem Unternehmen privatisiert werden.[143] Das Schicksal des Unternehmens wäre zunächst einmal dahingestellt. Das dürfte aber die Ausnahme sein. Regelmäßig gehen Aufgabenprivatisierung und Vermögensprivatisierung gemeinsam einher,[144] beispielsweise indem ein öffentliches Unternehmen nebst dessen Aufgabe einheitlich auf Private übertragen wird. Festzuhalten bleibt aber, dass dann neben der Aufgabenprivatisierung zusätzlich eine Vermögensprivatisierung stattfindet. Der Rechtsstatus des so in die Privatisierung der Aufgabe einbezogenen Unternehmens ändert sich insofern nicht, als dass das Bundesrecht, insbesondere das Wettbewerbsrecht, grundsätzlich für öffentliche und private Unternehmen gleichermaßen gilt.[145] Einer vorhergehenden Organisationsprivatisierung des Unternehmens bedarf es nicht.[146]

Wird ausnahmsweise aber doch die Privatisierung der Aufgabe eines öffentlichen Unternehmens isoliert erwogen und das öffentliche Unternehmen bleibt dahingestellt, ist die Einbindung Privater in die Erfüllung der Aufgabe in unterschiedlichen Stufen denkbar.

1. Beleihung

Im Betracht kommt zunächst eine Beleihung. Bei der Beleihung werden Personen des Privatrechts mit der hoheitlichen Wahrnehmung bestimmter Verwaltungsaufgaben im eigenen Namen betraut.[147] Der Staat überwacht die Ausführung der Aufgabe. Soweit der Beliehene hoheitlich tätig wird, ist er als Träger mittelbarer

---

142 Grabbe, Verfassungsrechtliche Grenzen, der Privatisierung, S.41f.; Seewald, Besonderes Verwaltungsrecht, S.124

143 Krölls, GewArch 1995, 131f.

144 Loesch, Privatisierung öffentlicher Unternehmen, S.52

145 Püttner, Die Unternehmen der öffentlichen Wirtschaft, S.58

146 Möschel, Privatisierung als ordnungspolitische Aufgabe, S.120

147 Jarass, Wirtschaftsverwaltungsrecht, S.85f.; Krölls, GewArch 1995, 132; Stober, Allgemeines Wirtschaftsverwaltungsrecht, S.405

Staatsverwaltung Teil der Staatsorganisation, somit im Außenverhältnis selbständiger Hoheitsträger und folglich Behörde i.S.d. § 1 Abs. 4 VwVfG.[148]

2. Verwaltungshelfer

Ein Verwaltungshelfer ist ein Privater, der, ohne Beliehener zu sein, von einer Behörde ohne eigene Verantwortung und als unselbständiges Werkzeug in die Erledigung hoheitlicher Aufgaben eingeschaltet wird.[149] Er handelt im Auftrag und nach Weisung der Behörde, die sich das Verhalten des Privaten zurechnen lassen muss.[150]

3. Funktionale Privatisierung

Bei der funktionalen Privatisierung – auch contracting-out genannt[151] – wird die Durchführung und gegebenenfalls auch die Finanzierung einer Aufgabe entstaatlicht. Bekanntes Beispiel für eine solche Aufgabe ist die Abfallentsorgung.[152] Ein Privater tritt dafür ein, ohne Beliehener zu sein. Der Staat trägt lediglich noch die Aufgabenzuständigkeit und -verantwortung.[153] Im Vergleich zum Verwaltungshelfer ist der Private bei einer funktionalen Privatisierung einem geringeren Einfluss der öffentlichen Hand ausgesetzt.

4. Materielle (Aufgaben-) Privatisierung

Eine materielle (Aufgaben-) Privatisierung erfolgt durch die vollständige Entstaatlichung bzw. Übertragung einer Aufgabe auf Private. Der Staat begibt sich nicht nur der Durchführung und der Finanzierung, sondern auch seiner Verantwortung.[154] Sein Einfluss beschränkt sich auf eine von außen durch Hoheitsakte wahrgenommene allgemeine Überwachung.[155]

---

148 Maurer, Allgemeines Verwaltungsrecht, S.617

149 Kirchhof, DVBl. 1984, 659; Stober, Allgemeines Wirtschaftsverwaltungsrecht, S.40

150 BGH, NJW 1971, 2220 (2221); Jarass, Wirtschaftsverwaltungsrecht, S.87

151 Möschel, JZ 1988, 886; ders., WM 1993, 94

152 Grabbe, Verfassungsrechtliche Grenzen der Privatisierung, S.43; Krölls, GewArch 1995, 131; Vitzthum, AöR 104, 592

153 Krölls, GewArch 1995, 131; Maurer, Allgemeines Verwaltungsrecht, S.527; Schoch, DVBl. 1994, 974; Wahl, DVBl.1993, 519; Weiß, Privatisierung und Staatsaufgaben, S.36

154 Gramm, Privatisierung und notwendige Staatsaufgaben, S.107f. Lange, Privatisierung der Rechtsform, S.1; Möschel, Privatisierung als ordnungspolitische Aufgabe, S.120; ders., WM 1993, 94; Schoch, DÖV 1993, 378; ders., DVBl. 1994; 962f.; Vitzthum, AöR 104, 588; Wahl, DVBl. 1993, 519; Weiß, Privatisierung und

Dieser Unterfall einer Aufgabenprivatisierung ist von der Organisationsprivatisierung abzugrenzen, die regelmäßig als formelle Privatisierung bezeichnet wird.[156] Sie könnte daher als Gegenstück zur materiellen (Aufgaben-) Privatisierung verstanden werden.

Im Variationenspiel der Privatisierungsformen wäre aber eine formelle Privatisierung, die Gegenstück zur materiellen (Aufgaben-) Privatisierung ist, ein weiterer Unterfall der Aufgabenprivatisierung. Eine solche formelle (Aufgaben-) Privatisierung läge vor und könnte als Gegenstück zur materiellen (Aufgaben-) Privatisierung verstanden werden, wenn die Aufgabe eines öffentlichen Unternehmens in öffentlich-rechtlicher Organisationsform auf ein privatrechtlich organisiertes öffentliches Unternehmen übertragen wird. Auch eine Organisationsprivatisierung beinhaltet eine solche formelle (Aufgaben-) Privatisierung, da auch bei einer Organisationsprivatisierung eine Aufgabe zunächst ein öffentlich-rechtliches und dann ein privatrechtlich organisiertes öffentliches Unternehmen wahrnimmt. Im Fall einer Organisationsprivatisierung wird aber nicht nur die Aufgabe eines öffentlichen Unternehmens formell privatisiert. Hinzu kommt die formelle Privatisierung des Unternehmens selbst, indem dieses eine privatrechtliche Organisationsform erhält und gleichwohl als Vermögenswert der öffentlichen Hand verbleibt. Damit handelt es sich bei einer Organisationsprivatisierung im Ergebnis um eine formelle Privatisierung im weiten Sinne. Sie umfasst eine formelle Vermögens- und eine formelle Aufgabenprivatisierung. Gegenstück zu einer Organisationsprivatisierung ist damit nicht eine materielle (Aufgaben-) Privatisierung, sondern eine materielle Privatisierung ebenfalls im weiten Sinne, die sowohl eine (materielle) Vermögens- als auch eine materielle (Aufgaben-) Privatisierung in sich begreift. Eine solche materielle Privatisierung im weiten Sinne ist im Fall der Privatisierung eines öffentlichen Unternehmens gegeben, wenn Private einheitlich und vollständig das Unternehmen und dessen Aufgabe übernehmen.[157]

Staatsaufgaben, S.291, für den aber nur die Erfüllungsverantwortung entfällt, nicht die Gewährleistungsverantwortung.

155 Möschel, WM 1993, 94f.; Vitzthum, AöR 104, 588

156 Siehe z.B. Lange, Privatisierung der Rechtsform, S.1; Möschel, JZ 1988, 886; ders., WM 1993, 94; Stober, Allgemeines Wirtschaftsverwaltungsrecht, S.409

157 Auf dieses weite Verständnis einer materiellen Privatisierung verweist auch Hellermann, Örtliche Daseinsvorsorge und gemeindliche Selbstverwaltung, S.3

IV. Teilprivatisierungen

Die Ausführungen zur Aufgabenprivatisierung haben gezeigt, dass mehrere Privatisierungsformen gleichzeitig zur Anwendung kommen können. Darüber hinaus sind neben den "Alles-oder-nichts-Lösungen" auch Teilprivatisierungen denkbar. Ein Beispiel dafür sind gemischtwirtschaftliche Unternehmen.[158] In der Diskussion sind weiterhin insbesondere sogenannte public-private-partnerships.[159]

B. Die Privatisierungsdiskussion

Unter Berücksichtigung der aufgezeigten Privatisierungsformen wird seit vielen Jahren über die Privatisierung kommunaler Sparkassen diskutiert. Dabei werden nicht nur Argumente zwischen den Befürwortern und Gegnern einer Privatisierung ausgetauscht, sondern auch bereits diverse Privatisierungsmodelle vorgeschlagen.

I. Historische Entwicklung

Die Auseinandersetzung um die Privatisierung kommunaler Sparkassen ergab sich aus der Diskussion über die Notwendigkeit von Deregulierungen im Sparkassenbereich. Deregulierungen wurden für erforderlich gehalten, um insbesondere die Wettbewerbsfähigkeit der kommunalen Sparkassen sicherzustellen.[160] Den Anstoß für eine Richtungsänderung in diesem Meinungsstreit gab die Monopolkommission[161] im Jahre 1990/1991 mit ihrem IX. Hauptgutachten.[162]

Die Monopolkommission hatte in ihrem Gutachten ausgeführt, dass sie keine Gründe mehr für das Betreiben des allgemeinen Bankgeschäfts durch die öffentliche Hand sieht.[163] Die Aussage erhielt Gewicht durch eine Wettbewerbsenquete der Bundesregierung aus dem Jahre 1968. In dem Untersuchungsbericht war angemerkt, dass gewandelte Verhältnisse zu der Notwendigkeit führen können, den Standort der öffentlich-rechtlichen Kreditinstitute neu zu bestimmen. So käme u.a. eine Liquidation öffentlich-rechtlicher Kreditinstitute oder ihre Überführung

---

158 Schoch, DVBl. 1994, 963
159 Stober, Allgemeines Wirtschaftsverwaltungsrecht, S.410
160 Hedrich, Die Privatisierung der Sparkassen, S.72
161 Siehe §§ 44 – 47 GWB
162 Herz,Deregulierung und Privatisierung, S.131; Kessler/Riekeberg, ÖBA 1999, 279; Stanovsky, Privatisierung der Sparkassen, S.10
163 BT-Drs. 12/3031, S.26

in eine private Rechtsform in Betracht, wenn eine Störung der Versorgung der Bevölkerung mit Bankleistungen nicht mehr zu befürchten ist.[164]

Bis zu den Äußerungen der Monopolkommission im IX. Hauptgutachten blieben diese ordnungspolitischen Überlegungen der Bundesregierung weitestgehend unbeachtet. Nur vereinzelt wurde die Fragestellung in ihrer Komplexität Gegenstand einer Betrachtung.[165] Die kommunalen Sparkassen waren von der ordnungspolitischen Diskussion über die Privatisierung öffentlicher Unternehmen verschont.[166] Im Mittelpunkt der Auseinandersetzung um die kommunalen Sparkassen stand, wie gesagt, vielmehr die Frage nach der Notwendigkeit von Deregulierungen im Sparkassenbereich.[167] Eine Beteiligung Privater wurde allenfalls aus betriebswirtschaftlichen Gründen erwogen, und zwar zur Stärkung der Eigenkapitalausstattung.[168]

Erst nach der Veröffentlichung des IX. Hauptgutachtens der Monopolkommission ergab sich ein tatsächlicher Meinungsstreit um die Privatisierung kommunaler Sparkassen. In Aufsätzen, Stellungnahmen, Dissertationen und Tagungen wurden die Argumente ausgetauscht[169] und die Grundlagen für eine weitergehende Betrachtung geschaffen. Offenbar wurde eine Vielzahl von Meinungen, Perspektiven und Interessenvertretern.[170]

Die laufende Diskussion erfuhr dann Mitte der 90er Jahre des 20. Jahrhunderts eine Zäsur. Von der Europäischen Kommission wurde die Aufmerksamkeit in der Auseinandersetzung um die kommunalen Sparkassen auf die Bedeutung von Anstaltslast und Gewährträgerhaftung gelenkt.[171]

---

164 BT-Drs. V/3500, S.42

165 Siehe insofern: Claussen, Teilprivatisierung kommunaler Sparkassen ?, 1990; Dennig, Wirtschaftsdienst 1990, 529; Ketzel, Wirtschaftsdienst 1990, 623

166 Geiger, Sparkasse 1987, 329; Heide, Sparkasse 1985, 130; Strauß, Sparkasse 1987, 46; Weizäcker, Wertpapier 1985, 588

167 Hedrich, Die Privatisierung der Sparkassen, S.72

168 Siehe insofern: Fischer, das rathaus 1989, 526; Hafke, Kreditwesen 1988, 179; Hahn, Sparkasse 1978, 107; Heinrichs, Städte- und Gemeinderat 1989, 114; Pinkwart, das rathaus 1988, 690

169 Siehe insofern: Jörn Ipsen (Hrsg.), 3. Bad Iburger Gespräche, Sparkassen im Wandel, 1992; Cox, Kredit und Kapital 1994, 235; Gröschel, Sparkasse 1992, 519; Hedrich, Die Privatisierung der Sparkassen, 1993; Karl-Bräuer-Institut, Privatisierung von Sparkassen und Landesbanken, 1994; Kohl, Sparkasse 1995, 245; Möschel, WM 1993, 93; Schröder, Sparkasse 1995, 249; Steiner, Bankenmarkt und Wirtschaftsordnung, 1994; Thode, Veräußerung öffentlich-rechtlicher Versicherungsunternehmen, 1994

170 Kessler/Riekeberg, ÖBA 1999, 279ff.; Kohlhof/Wilke, Perspektiven zur Privatisierung öffentlich-rechtlicher Sparkassen, S. 17ff.

171 Jarass, WM 2002, 941; Möschel, WM 2001, 1895

Infolge der zwischenzeitlich zu diesen sparkassenspezifischen Kennzeichen gefundenen Verständigung zwischen der Europäischen Kommission mit der Bundesregierung, den Bundesländern und dem Deutschen Sparkassen- und Giroverband kam es dann zu Novellierungen der rechtlichen Grundlagen öffentlich-rechtlicher Kreditinstitute.[172] Dabei war festzustellen, dass die Landesgesetzgeber bei der Gelegenheit Erkenntnisse aus der Privatisierungsdiskussion aufgriffen.[173] Auch wurde bereits in Anbetracht der faktischen Abschaffung der Anstaltslast die Frage aufgeworfen, ob es überhaupt öffentlich-rechtliche Anstalten ohne Anstaltslast geben kann.[174] Mithin ist davon auszugehen, dass der Meinungsstreit um die Privatisierung kommunaler Sparkassen wiederaufleben wird.[175]

II. Überblick über die Argumentation aus Sicht der Befürworter

Der von der Monopolkommission mit ihrem IX. Hauptgutachten angestoßene Meinungsstreit über die Privatisierung bzw. Entstaatlichung kommunaler Sparkassen ist vornehmlich ordnungspolitisch geprägt, und zwar von der Frage, ob der öffentliche Auftrag der kommunalen Sparkassen entfallen ist. Daneben finden vor allem finanzpolitische und betriebswirtschaftliche Aspekte Berücksichtigung.[176] Einen Überblick über die Diskussion ergibt sich weitestgehend aus der Argumentation derjenigen, die eine Privatisierung kommunaler Sparkassen befürworten.

1. Wegfall des öffentlichen Auftrages

Von den Befürwortern einer Privatisierung wird zunächst einmal der öffentliche Auftrag betrachtet, der das öffentliche Interesse zum Ausdruck bringt, dass die kommunalen Sparkassen legitimiert.[177] Seine Konkretisierung erfolgt durch die

---

172 Siehe Erster Teil D.II.1.c., S.33ff.

173 Berndt, Kreditwesen 2002, 730; Metz, Kreditwesen 2002, 748; Posch, Kreditwesen 2002, 749f.; Steinbrück, Kreditwesen 2002, 751

174 Siehe insofern: Beuthien, WM 2003, 1881; Dülp, Kreditwesen 2002, 207ff.; Kemmler, DVBl. 2003, 100ff.; Möschel, WM 2001, 1895ff.; Witte/Rafiqpoor, WM 2003, 1888

175 Herz, Deregulierung und Privatisierung, S.141

176 Cox, Kredit und Kapital, 1994, 236; Gröschel, Sparkasse 1992, 519; Horn, Sparkasse 1999, 187; Lambsdorff, Kreditwesen 1993, 602; Rehm, Sparkasse 1993, 173

177 Horn, Sparkasse 1999, 188; Kohlhof/Wilke, Perspektiven zur Privatisierung öffentlich-rechtlicher Sparkassen, S.20

Landesgesetze und die Satzungen der einzelnen kommunalen Sparkassen.[178] Er umfasst mit der Gewährleistungsfunktion, der Förderfunktion, der Struktursicherungsfunktion, der Hausbankfunktion und der Wettbewerbsfunktion diverse Aufgaben.[179]

Auf Grund der Interpretierbarkeit der einzelnen Funktionsbegriffe besteht kein eindeutiger Konsens darüber, was letztlich unter dem öffentlichen Auftrag zu verstehen ist.[180] Trotz der Vorgaben von Gesetz- und Satzungsgeber handelt es sich um einen Sammelbegriff, der einen großen Handlungsspielraum lässt und so einerseits eine Anpassung an veränderte Entwicklungen ermöglicht.[181] Andererseits ist infolge der inhaltlichen Flexibilität das fortwährende öffentliche Interesse an der Wahrnehmung des öffentlichen Auftrages und seine Erfüllung nur schwer nachvollziehbar. Dementsprechend können auch die im Rahmen der Diskussion berücksichtigten empirischen Befunde von den Befürwortern und Gegnern einer Privatisierung in ihrem jeweiligen Sinne interpretiert werden.

a. Zur Gewährleistungsfunktion

Die Befürworter einer Privatisierung halten den öffentlichen Auftrag kommunaler Sparkassen insbesondere dahingehend für angreifbar, als dass ein öffentliches Interesse an der Wahrnehmung einer Gewährleistungsfunktion durch die kommunalen Sparkassen nicht mehr bestehe.

Die Gewährleistungsfunktion verpflichtet die kommunalen Sparkassen, Bankdienstleistungen flächendeckend für alle Bevölkerungskreise anzubieten.[182]

Nach Auffassung der Befürworter einer Privatisierung werden sämtliche von den kommunalen Sparkassen angebotenen Dienste mittlerweile auch von Privatbanken, der Postbank, den Kreditgenossenschaften wie auch von Versicherungen und Versandhäusern als non- oder nearbanks erbracht. Diese Dienstleister seien ebenfalls flächendeckend, insbesondere auch in strukturschwachen Gebieten und an den Standorten der kommunalen Sparkassen vertreten, wobei ohnehin die Notwendigkeit einer Präsenz vor Ort in Anbetracht des technischen Fortschrittes

---

178 Claussen, Teilprivatisierung kommunaler Sparkassen, S.31; Kohlhof/Wilke, Perspektiven zur Privatisierung öffentlich-rechtlicher Sparkassen, S.20

179 Brümmerhoff/Lehmann, ZögU 2000, 134; Claussen, Teilprivatisierung kommunaler Sparkassen?, S.30; Hedrich, Die Privatisierung der Sparkassen, S.39; Steiner, Bankenmarkt und Wirtschaftsordnung, S.77

180 Brümmerhoff/Lehmann, ZögU 2000, 133; Steiner, Bankenmarkt und Wirtschaftsordnung, S.85

181 Kohlhof/Wilke, Perspektiven zur Privatisierung öffentlich-rechtlicher Sparkassen, S.20; Rehm, WM 1993, 134f.

182 Claussen, Teilprivatisierung kommunaler Sparkassen?, S.30; Hedrich, Die Privatisierung der Sparkassen, S.39; Steiner, Bankenmarkt und Wirtschaftsordnung, S.77

zu bezweifeln sei. Erst recht ist es nach Meinung der Befürworter einer Privatisierung nicht erforderlich, kommunale Sparkassen als kreditwirtschaftliche Reserve vorzuhalten, da auf diesem Wege stets ein öffentliches Interesse begründet werden könne. Schließlich verschließe sich die Konkurrenz der kommunalen Sparkassen in ihrer Gesamtheit auch keiner Bevölkerungsgruppe, so dass selbst der Kontrahierungszwang der kommunalen Sparkassen als Argument gegen eine Privatisierung nicht überzeuge.[183]

b. Zur Förderfunktion

Die sich aus dem öffentlichen Auftrag ergebende Förderfunktion wiederum umfasst die Verpflichtung der kommunalen Sparkassen, den Sparsinn und die Vermögensbildung in der Bevölkerung zu fördern.[184]

Diese Aufgabenstellung machen die Befürworter einer Privatisierung den kommunalen Sparkassen streitig, indem sie ausführen, dass neben den kommunalen Sparkassen private Kreditinstitute und die Postbank ein ausreichendes Angebot an Sparmöglichkeiten vorhielten und durch ihr Agieren am Markt ohnehin den Sparsinn förderten. In Anbetracht der bestehenden Sicherungseinrichtungen, denen die weiteren Anbieter angeschlossen sind, handele es sich dabei auch um sichere Geldanlagen für die Bevölkerung. Unabhängig davon sei eine kontraproduktive Wirkung zu befürchten, wenn kommunale Sparkassen Anleger in niedrig verzinslichen Sparguthaben festhielten.[185]

---

183 Siehe insofern: Brümmerhoff/Lehmann, ZögU 2000, 137f.; Karl-Bräuer-Institut, Privatisierung von Sparkassen und Landesbanken, S.34ff. u. 58ff.; Klein, Die Privatisierung der Sparkassen und Landesbanken, S.101; Kohlhof/Wilke, Perspektiven zur Privatisierung öffentlich-rechtlicher Sparkassen, S.40; Kronberger Kreis, Privatisierung von Landesbanken und Sparkassen,, S.31; Möschel, WM 1993, 96f.; Nürk, Bullettin Deutsche Bank Research 1995, 20f.; Pautsch, Privatisierung des öffentlichen Bankensektors, S.164, S.217; Purbach, Auswirkungen des Binnenmarktes auf die Sparkassen, S.202; Stanovsky, Privatisierung von Sparkassen, S.44; Weiß, Privatisierung und Staatsaufgaben, S.243f.; a.A.: Blume, Sparkassen im Spannungsfeld, S.82; Rehm, Sparkasse 1993, 175; Gesellschaft für öffentliche Wirtschaft, Sparkassen und Landesbanken in der Wettbewerbs- und Privatisierungsdiskussion, S.30; Trosky, Deutsche Kreditinstitute aus institutsökonomischer Sicht, S.118

184 Claussen, Teilprivatisierung kommunaler Sparkassen?, S.30; Hedrich, Die Privatisierung der Sparkassen, S.39; Steiner, Bankenmarkt und Wirtschaftsordnung, S.77

185 Siehe insofern: Karl-Bräuer-Institut, Privatisierung von Sparkassen und Landesbanken, S.18ff; Klein, Die Privatisierung der Sparkassen und Landesbanken, S.105; Kohlhof/Wilke, Perspektiven zur Privatisierung öffentlich-rechtlicher Sparkassen, S.4; Kronberger Kreis, Privatisierung von Landesbanken und Sparkassen, S.29; Möschel, WM 1993, 96; Pautsch, Privatisierung des öffentlichen Bankensektors, S.159; Purbach, Auswirkungen des Binnenmarktes auf die Sparkassen, S.206; Stanovsky,

c. Zur Struktursicherungsfunktion

Zur Struktursicherungsfunktion, also der Verpflichtung der kommunalen Sparkassen im Rahmen des öffentlichen Auftrags einen Beitrag zu einer ausgeglichenen Wirtschaftsstruktur zu leisten,[186] geben die Befürworter einer Privatisierung zu bedenken, dass sich die kommunalen Sparkassen im Wettbewerb behaupten und marktmäßig verhalten müssen. Allein in diesem Rahmen sei ein Interesse kommunaler Sparkassen an der Wirtschaftsentwicklung und Wirtschaftskraft ihres Einzugsgebietes vertretbar. Eine darüber hinausgehende wirtschaftspolitische Instrumentalisierung sei in Anbetracht dazu speziell geschaffener Banken und Förderprogramme der öffentlichen Hand nicht erforderlich.[187]

d. Zur Hausbankfunktion

Des weiteren verpflichtet der öffentliche Auftrag die kommunalen Sparkassen zur kreditwirtschaftlichen Unterstützung ihrer Anstaltsträgers.[188]

Diese Hausbankfunktion stellen die Befürworter einer Privatisierung in Frage, weil eine angemessene kreditwirtschaftliche Versorgung der Kommunen bereits von den privaten Kreditinstituten gewährleistet werden könne. So seien dort auch hohe Zuwachsraten bei der Kreditgewährung an die öffentliche Hand festzustellen und würden spezielle Finanzierungsformen, die den besonderen Bedürfnissen der öffentlichen Hand gerecht werden, angeboten. Eine darüber hinausgehende Gewährung von Sonderkonditionen an die öffentlichen Träger kommunaler Sparkassen oder deren Finanzierung trotz mangelnder Kreditwürdigkeit bedeute

---

Privatisierung von Sparkassen, S.42; Weiß, Privatisierung und Staatsaufgaben, S.243; a.A.: Blume, Sparkassen im Spannungsfeld, S.77; Weber, Öffentliche Unternehmen unter besonderer Berücksichtigung kommunaler Sparkassen, S.165

186 Claussen, Teilprivatisierung kommunaler Sparkassen?, S.30; Hedrich, Die Privatisierung der Sparkassen, S.39; Steiner, Bankenmarkt und Wirtschaftsordnung, S.77

187 Siehe insofern: Brümmerhoff/Lehmann, ZögU 2000, 138ff.; Klein, Die Privatisierung der Sparkassen und Landesbanken, S.104; Kohlhof/Wilke, Perspektiven zur Privatisierung öffentlich-rechtlicher Sparkassen, S.41; Kronberger Kreis, Privatisierung von Landesbanken und Sparkassen, S.35; Möschel, WM 1993, 97; Nürk, Bullettin Deutsche Bank Research 1995, 21f.; Stanovsky, Privatisierung von Sparkassen, S.51; Pautsch, Privatisierung des öffentlichen Bankensektors, S.166; Purbach, Auswirkungen des Binnenmarktes auf die Sparkassen, S.208; a.A.: Eichhorn, Kreditwesen 1992, 1130f.; Rehm, Sparkasse 1993, 175f.; Schmidhuber, Sparkasse 1993, 349; Gesellschaft für öffentliche Wirtschaft, Sparkassen und Landesbanken in der Wettbewerbs- und Privatisierungsdiskussion, S.11f.

188 Claussen, Teilprivatisierung kommunaler Sparkassen?, S.31; Hedrich, Die Privatisierung der Sparkassen, S.39; Steiner, Bankenmarkt und Wirtschaftsordnung, S.77

eine Quersubventionierung zu Lasten der Gläubiger und der weiteren Kreditnehmer der kommunalen Sparkasse.[189]

e. Zur Wettbewerbsfunktion

Bestandteil des öffentlichen Auftrages ist schließlich noch die Wettbewerbsfunktion und damit die Aufgabe des kommunalen Sparkassensektors, einen Wettbewerb innerhalb der Kreditwirtschaft herbeizuführen und zu sichern.[190]

In diesem Zusammenhang wird stets der Gruppenwettbewerb zwischen den Privatbanken, den Genossenschaftsbanken und den Sparkassen angeführt, den die Befürworter einer Privatisierung jedoch anzweifeln. Die einzelnen Kreditinstitute hätten sich nach deren Auffassung als Universalbanken derart angeglichen, dass sich eine solche Gruppenbildung im Wettbewerb nicht ergebe. Aber auch einen solchen Gruppenwettbewerb unterstellt, gäbe es für den Fall der Privatisierung kommunaler Sparkassen eine Vielzahl von in- und ausländischen Erwerbsinteressenten, die eine übermäßige Konzentration nicht befürchten ließen. Ohnehin sei die Bildung größerer Einheiten eine Entwicklung in der deutschen Kreditwirtschaft, um den betriebswirtschaftlichen Anforderungen des Wettbewerbs gerecht zu werden. Würden sich gleichwohl Kreditinstitute mit einer übermäßigen Marktmacht bilden, wären ausreichend rechtliche Grundlagen zu deren Unterbindung vorhanden.[191]

---

189 Siehe insofern: Brümmerhoff/Lehmann, ZögU 2000, 134; Klein, Die Privatisierung der Sparkassen und Landesbanken, S.110; Karl-Bräuer-Institut, Privatisierung von Sparkassen und Landesbanken, S.49ff; Kohlhof/Wilke, Perspektiven zur Privatisierung öffentlich-rechtlicher Sparkassen, S.42; Kronberger Kreis, Privatisierung von Landesbanken und Sparkassen, S.35; Möschel, WM 1993, 97; Pautsch, Privatisierung des öffentlichen Bankensektors, S.172; Stanovsky, Privatisierung von Sparkassen, S. 53; a.A.: Blume, Sparkassen im Spannungsfeld, S.84; Eichhorn, Kreditwesen 1992, 1131; Schmidhuber, Sparkasse 1993, 348f.

190 Claussen, Teilprivatisierung kommunaler Sparkassen?, S.31; Hedrich, Die Privatisierung der Sparkassen, S.39; Steiner, Bankenmarkt und Wirtschaftsordnung, S.77

191 Siehe insofern: Brümmerhoff/Lehmann, ZögU 2000, 141f.; Klein, Sparkassen im Spannungsfeld, S.144; Karl-Bräuer-Institut, Privatisierung von Sparkassen und Landesbanken, S.69ff; Kronberger Kreis, Privatisierung von Landesbanken und Sparkassen, S.36f.; Möschel, WM 1993, 97f.; Nürk, Bullettin Deutsche Bank Research 1995, 22f.; Pautsch, Privatisierung des öffentlichen Bankensektors, S.170f.; Purbach, Auswirkungen des Binnenmarktes auf die Sparkassen, S.214; Stanovsky, Privatisierung von Sparkassen, S.74; Weiß, Privatisierung und Staatsaufgaben, S.245; a.A.: Eichhorn, Kreditwesen 1992, 1130; Gröschel, Sparkasse 1992, 525f.; Habeck, Sparkassen als Universalbanken?, S.109; Rehm, Sparkasse 1993, 176; ders., WM 1993, 136; Schuster, Sparkasse 1995, 426f.; Gesellschaft für öffentliche

2. *Betriebswirtschaftliche Zwänge*

Ergänzend zum Wegfall des öffentlichen Auftrages berücksichtigen Befürworter einer Privatisierung auch betriebswirtschaftliche Aspekte im Rahmen ihrer Argumentation. So setzen das Regionalprinzip und die gesetzlichen Vorgaben zur Eigenkapitalausstattung der Entwicklung kommunaler Sparkassen Grenzen. Das betrifft nicht nur das Auftreten der Institute am Markt, sondern insbesondere die für den Wettbewerb erforderliche Betriebsgröße. Durch eine Privatisierung könnten diese Grenzen überwunden werden.[192]

3. *Entlastung der öffentlichen Haushalte*

Aus finanzpolitischer Sicht wird von Seiten der Befürworter einer Privatisierung darüber hinaus noch als Vorteil die Möglichkeit einer Entlastung der öffentlichen Haushalte vorgetragen. Im Falle einer Privatisierung kommunaler Sparkassen käme es nicht nur zu einer einmaligen erheblichen Schuldentilgung, sondern auch zu einer Einsparung von Zinsaufwendungen auf Dauer. Der regelmäßig bestehenden gesetzlichen Vorgabe, Erlöse aus der Aufgabe kommunaler Sparkassen für gemeinnützige Zwecke zu verwenden, wäre damit entsprochen; gegebenenfalls müsste vorab eine Gesetzesänderung herbeigeführt werden.[193]

III. *Vorgeschlagene Privatisierungsmodelle*

Neben dem Austausch von Argumenten zwischen den Befürwortern und Gegnern sind auch diverse Privatisierungsmodelle Gegenstand der Diskussion über die Privatisierung kommunaler Sparkassen. Die unterbreiteten Vorschläge umfassen Privatisierungsformen unterschiedlicher Intensität. Sie sind vornehmlich geprägt von der Absicht, den kommunalen Sparkassen zur Wahrung ihrer Stellung im

---

Wirtschaft, Sparkassen und Landesbanken in der Wettbewerbs- und Privatisierungsdiskussion, S.28f.

192 Siehe insofern: Kohlhof/Wilke, Perspektiven zur Privatisierung öffentlich- rechtlicher Sparkassen, S.45 u. S.49; a.A. Fischer, Sparkasse 1992, 569

193 Siehe insofern: Karl-Bräuer-Institut, Privatisierung von Sparkassen und Landesbanken, S.134ff; Kohlhof/Wilke, Perspektiven zur Privatisierung öffentlich-rechtlicher Sparkassen, S.52; Möschel, WM 1993, 94; Monopolkommission, BT-Drs.12/3031, S.25; Stanovsky, Privatisierung von Sparkassen, S.78; a.A.: Brandt, Sparkasse 1993, 55; Rehm, Sparkasse 1993, 173f.; ders., WM 1993, 138f.; Schmidhuber, Sparkasse 1993, 349; Schuster, Sparkasse 1995, 424f.; Steiner, Bankenmarkt und Wirtschaftsordnung, S.55

Wettbewerb eine angemessene Eigenkapitalausstattung zu gewähren.[194] Damit werden eher deren betriebswirtschaftliche Interessen berücksichtigt, als dass es sich um Reaktionen auf ordnungspolitische oder finanzpolitische Argumente der Befürworter einer Privatisierung kommunaler Sparkassen handelt.

1. Stille Gesellschaft

So wird zur Privatisierung kommunaler Sparkassen insbesondere erwogen, dass diese sich stillen Gesellschaftern öffnen, zumal sie kraft Gesetzes ein Handelsgewerbe betreiben.[195] Als stille Gesellschafter könnten nicht nur natürliche Personen, sondern auch juristische Personen in privater Organisationsform auftreten.[196] Die Vermögenseinlagen der stillen Gesellschafter gingen in das Vermögen der kommunalen Sparkassen über[197] und wären damit als deren Eigenkapital auszuweisen. In Betracht gezogen werden nicht nur typische, sondern auch atypische stille Gesellschaften. Handelt es sich um eine typische stille Gesellschaft, ist der stille Gesellschafter nur am Geschäftserfolg beteiligt. Wird eine atypische stille Gesellschaft vereinbart, kommt darüber hinaus eine Beteiligung an den stillen Reserven der kommunalen Sparkassen in Betracht, und es könnten Mitspracherechte gewährt werden. [198]

2. Genussrechte und nachrangige Verbindlichkeiten

Auch Genussrechte und nachrangige Verbindlichkeiten werden als Möglichkeit zur Privatisierung kommunaler Sparkassen erachtet.[199] Werden bei ihrer Gestal-

---

194 Siehe insofern: Blume, Sparkassen im Spannungsfeld, S.159ff; Fischer, das rathaus 1989, 526; Laudenbach, Organisationsform Aktiengesellschaft für kommunale Sparkassen, S.43f.; Purbach, Auswirkungen des Binnenmarktes auf die Sparkassen, S.170; Zügel, Kreditwesen 1991, 1096f.

195 Siehe insofern: Claussen, Teilprivatisierung kommunaler Sparkassen?, S.217ff; Fischer, Sparkasse 1992, 569; Laudenbach, Organisationsform Aktiengesellschaft für kommunale Sparkassen, S.49ff.; Pinkwart, das rathaus 1988, 690; Purbach, Die Auswirkungen des Binnenmarktes auf die Sparkassen, S.241f.; Schlierbach/Püttner, Das Sparkassenrecht, S.42; Püttner, Kreditwesen 1994, 840; Zügel, Kreditwesen 1991, 1096

196 Siehe insofern: Thode, Veräußerung öffentlich-rechtlicher Versicherungsunternehmen in der Bundesrepublik Deutschland, S.222

197 Siehe § 230 HGB

198 Siehe insofern: Kohlhof/Wilke, Perspektiven zur Privatisierung öffentlich-rechtlicher Sparkassen, S.54 u.56; Lambsdorff, Sparkassen im Wandel, S.12

199 Siehe insofern: Claussen, Teilprivatisierung kommunaler Sparkassen?, S.167ff.; Fischer, Sparkasse 1992, 569; Karl-Bräuer-Institut, Privatisierung von Sparkassen und Landesbanken, S.144; Kohlhof/Wilke, Perspektiven zur Privatisierung öffentlich-

tung bestimmte Kriterien erfüllt, so tragen auch sie zu einer Ergänzung des Eigenkapitals der Kreditinstitute bei.[200] Bei einer genaueren Betrachtung erweist sich aber nur die Gewährung von Genussrechten als eine Privatisierung im Sinne der einschlägigen Diskussion, zumal kommunale Sparkassen sich auf diesem Wege nicht nur refinanzieren, sondern zugleich Private an ihrem Vermögen beteiligen. Nachrangige Verbindlichkeiten dagegen sind allein ein Instrument der Refinanzierung.

3. *Rechtsformwechsel*

Eine weitergehende Form der Privatisierung kommunaler Sparkassen bedeutet der Vorschlag eines Rechtsformwechsel bzw. einer Organisationsprivatisierung. Im Mittelpunkt der Betrachtungen steht dabei die Rechtsform der Aktiengesellschaft und die Prämisse, dass trotz eines Rechtsformwechsels ein bestimmender kommunaler Einfluss verbleibt und existenzielle Kennzeichen der kommunalen Sparkasse nicht in Frage gestellt werden. Um den Einfluss der kommunalen Interessen zu wahren, werden zur Gestaltung Mehrheitsbeteiligungen, Beherrschungsverträge und Mitbestimmungsrechte zu Gunsten der öffentlichen Hand gefordert oder aber als Lösung Vorzugsaktien sowie (vinkulierte) Namensaktien vorgeschlagen.[201] Die infolgedessen entstehenden gemischtwirtschaftlichen Unternehmen würden letztlich nur eine Teilprivatisierung bedeuten. Das gilt auch für den Vorschlag, eine Sparkassen AG mit der Aufgabenstellung des öffentlichen Auftrages kommunaler Sparkassen zu beleihen.[202]

Nur vereinzelt wird erwogen, über die Aktiengesellschaft eine vollständige Entstaatlichung kommunaler Sparkassen zu erreichen. Im Vordergrund steht dabei dann eine Vermögensprivatisierung unter Aufgabe des öffentlichen Auftra-

---

rechtlicher Sparkassen, S.55; Laudenbach, Organisationsform Aktiengesellschaft für kommunale Sparkassen, S.44ff.; Purbach, Auswirkungen des Binnenmarktes auf die Sparkassen, S.246ff.

200 Siehe § 10 Abs. 5a und Abs. 6 Nr.3 KWG

201 Siehe insofern: Burmeister, Sparkassen im Wandel, S.40; Blume, Sparkassen im Spannungsfeld, S.161ff.; Claussen, Teilprivatisierung kommunaler Sparkassen, S.195ff.; Hedrich, Die Privatisierung der Sparkassen, S.315f.; Klein, Die Privatisierung der Sparkassen und Landesbanken, S.226; Karl-Bräuer-Institut, Privatisierung von Sparkassen und Landesbanken, S.143f.; Laudenbach, Organisationsform Aktiengesellschaft für kommunale Sparkassen, S.76ff.; Pinkwart, das rathaus 1988, 690; Purbach, Auswirkungen des Binnenmarktes auf die Sparkassen, S.236; Steiner, Bankenmarkt und Wirtschaftsordnung, S.152; Zügel, Kreditwesen 1991, 1096

202 Siehe insofern: Schmidt, Kreditwesen 2003, 183

ges, nicht aber eine einheitliche Übertragung von Vermögen und Aufgabe auf Private im Sinne einer materiellen Privatisierung im weiten Sinne.[203]

4. Trennmodell

Schließlich wird als Privatisierungsmodell das Trennmodell vorgestellt. Die Tätigkeit einer kommunalen Sparkasse soll dabei unterteilt werden in das bankbetriebliche Kerngeschäft einerseits und die Wahrnehmung des öffentlichen Auftrages andererseits. Das Trennmodell sieht vor, dass nur der Bereich des Kerngeschäftes im Rahmen einer Vermögensprivatisierung an Private veräußert wird. Der Rest und damit der öffentliche Auftrag verbliebe bei der kommunalen Sparkasse.[204]

C. Tendenzen zur Privatisierung im Sparkassenrecht

Unabhängig von der Diskussion über eine Privatisierung kommunaler Sparkassen ergeben sich bereits heute aus dem Sparkassenrecht der Länder Regelungen, die eine Entwicklung hin zur Privatisierung kommunaler Sparkassen bedeuten.[205] Die Regelungen wurden zwar regelmäßig eingeführt, um die Stellung der kommunalen Sparkassen im Wettbewerb zu stärken. Gleichwohl führen auch diese zu einer Grenze, von der ab die kommunalen Sparkassen als öffentliche Unternehmen in Frage gestellt sind.

I. Umsetzung der vorgeschlagenen Privatisierungsmodelle

So sind die im Rahmen der Privatisierungsdiskussion für kommunale Sparkassen vorgeschlagenen Privatisierungsmodelle teilweise bereits in Landessparkassengesetzen berücksichtigt.

Es ist den kommunalen Sparkassen grundsätzlich gestattet, Genussrechtskapital aufzunehmen und durch stille Beteiligungen ihre Eigenkapitalausstattung auf-

---

203 Siehe insofern: Dennig, Wirtschaftsdienst 1995, 218; Hedrich, Die Privatisierung der Sparkassen, S.318ff.; Kohlhof/Wilke, Perspektiven zur Privatisierung öffentlich-rechtlicher Sparkassen, S.61; Kronberger Kreis, Privatisierung von Sparkassen und Landesbanken, S.55; Steiner, Bankenmarkt und Wirtschaftsordnung, S.80; Vonderheid, ZögU 1991, 275f.

204 Siehe insofern: Kronberger Kreis, Privatisierung von Sparkassen und Landesbanken, S.53; Steiner, Bankenmarkt und Wirtschaftsordnung, S. 79f.

205 Schlierbach/Püttner, Das Sparkassenrecht, S.40

zubessern.[206] Dabei wird die damit verbundene Tendenz zur Beteiligung Privater an den kommunalen Sparkassen deutlich, wenn in Niedersachsen stille Beteiligungen mit der Maßgabe zugelassen werden, dass juristische Personen des öffentlichen Rechts zumindest mittelbar den Kapitalgeber stellen müssen,[207] in Hessen sich aber darüber hinaus natürliche Personen mit bis zu 49% des haftenden Eigenkapitals an den kommunalen Sparkassen beteiligen können.[208] Sogar die Möglichkeit zur Vereinbarung atypischer stiller Beteiligungen, die Privaten Mitspracherechte an kommunalen Sparkassen einräumen, findet sich.[209]

II. Weitere Regelungen mit Privatisierungspotential

Den Sparkassengesetzen sind des weiteren Regelungen zu entnehmen, die zwar nicht einem der vorgeschlagenen Privatisierungsmodelle entsprechen. Gleichwohl haben diese Regelungen aber ein Privatisierungspotential, indem sie einer Entkommunalisierung Vorschub leisten.[210]

Eine solche Wirkung ergibt sich bereits aus dem Umstand, dass auch kommunale Zweckverbände Träger kommunaler Sparkassen sein können,[211] denn kommunale Zweckverbände können nicht den Schutz des Grundgesetzes auf ein kommunales Selbstverwaltungsrecht gem. Art.28 Abs.2 GG beanspruchen.[212] Dieser Schutz umfasst auch den Schutz des Kernbereichs kommunaler Selbstverwaltung vor gesetzgeberischen Privatisierungsmaßnahmen.[213] Die Unterhaltung einer kommunalen Sparkasse wiederum gehört zum Kernbereich kommunaler Selbstverwaltung.[214] Kann sich in Anbetracht dessen ein kommunaler Zweckverband dann auch nicht auf den Schutz der Landesverfassung berufen,[215] so könnte ein Landesgesetzgeber diesem gegenüber eine Privatisierung seiner kommunalen Sparkasse gebieten.

---

206 Siehe § 3 S.-A.SpkG; § 3 Meckl.-Vorp.SpkG; § 29 N.-W.SpkG
207 Siehe § 10 Abs.3 Nds.SpVO
208 Siehe § 22 Hess.SpkG
209 Siehe §§ 22, 24 Hess.SpkG
210 Blume, Sparkassen im Spannungsfeld, S.131ff., zeigt ähnlich eine Entkommunalisierung auf, ohne aber auf eine mögliche Beteiligung Privater einzugehen.
211 Siehe § 1 S.-A.SpkG; § 1 Nds.SpkG; § 1 N.-W.SpkG; § 1 Saarl.SpkG
212 BVerfG, NVwZ 1995, 370 (371)
213 BVerfGE 1, 167 (174f.); dass., 79, 127 (146ff.); Krölls, GewArch 1995, S.142; Schoch, DVBl. 1994, 970
214 Claussen, Teilprivatisierung kommunaler Sparkassen?, S.135; Pinkwart, das rathaus 1988, 689
215 Siehe beispielsweise Art. 57 Abs.1 Nds.Verf.

Aber auch ohne Privatisierungsgebot eines Landesgesetzgebers bedingen kommunale Zweckverbände eine Privatisierung kommunaler Sparkassen, wenn die rechtliche Möglichkeit besteht, private Stiftungen und rechtsfähige Vereine in einen kommunalen Zweckverband aufzunehmen.[216] Selbst wenn das einschlägige Gesetz vorgibt, dass der kommunale Charakter des Zweckverbandes dadurch nicht in Frage gestellt werden darf, ist gleichwohl eine (mittelbare) Beteiligung Privater an den kommunalen Sparkassen eröffnet.[217]

Eine Weiterentwicklung dieser Konstellation bedeutet es, wenn an Stelle eines kommunalen Zweckverbandes eine rechtsfähige Körperschaft des öffentlichen Rechts nicht nur Träger einer einzelnen, sondern einer Vielzahl von kommunalen Sparkassen werden kann und Private sich an diesem Träger beteiligen können.[218] So können Personen des privaten Rechts (Dritte) bis zu 49 Prozent des Stammkapitals der Sachsen-Finanzgruppe übernehmen.[219]

Eine entsprechende „schleichende" Privatisierung eröffnet auch die Möglichkeit zur Bildung von Stammkapital aus Rücklagen oder Einlagen,[220] wie sie das Sparkassengesetz in Rheinland-Pfalz vorsieht.[221] Wenn auf das Stammkapital Ausschüttungen erfolgen können und das Stammkapital auf horizontaler Ebene innerhalb der Sparkassenorganisation übertragbar ist, ist auch eine weitergehende rechtliche Gestaltung, die eine Übertragung auf Private ermöglicht, denkbar.[222]

III. Einzelfallgesetze

Eine Besonderheit im Rahmen des Sparkassenrechts stellen schließlich landesrechtliche Einzelfallgesetze zur Privatisierung dar.[223] Wenn und soweit das an sich geltende Sparkassen- und Kommunalrecht eines Bundeslandes eine Privatisierung kommunaler Sparkassen auch nicht vorsieht, ist es gleichwohl möglich, durch ein Einzelfallgesetz eine Ausnahmeregelung zu schaffen.[224] So ermöglichte ein entsprechendes Fusionsgesetz des hessischen Landtages zu Beginn des Jahres 1989 die Fusion der „freien" Frankfurter Sparkasse von 1822 mit der „kommuna-

216 Siehe § 1 Abs. 2 Hess.SpkG
217 Hedrich, Die Privatisierung der Sparkassen, S.88
218 Berndt, Kreditwesen 2002, 731
219 Siehe § 53 Sächs.SpkG
220 Palmen, Kreditwesen 1999, 780; a.A. Streuber, Perspektiven der kommunalen Sparkassen, S.101
221 Siehe § 3 Rh.-Pf.SpkG
222 Hirschberger, Kreditwesen 1999, 777
223 Claussen, Teilprivatisierung kommunaler Sparkassen?, S.94
224 Drs. 12/2536 Hess. Landtag, S.5

len" Stadtsparkasse Frankfurt.[225] Aufnehmendes Institut war die „freie" Frankfurter Sparkasse, ein wirtschaftlicher Verein.[226]

D. Exkurse

Eine Betrachtung des Status quo der Privatisierung kommunaler Sparkassen erscheint unvollständig, wenn nicht auch die Landesbanken und die Sparkassen im europäischen Ausland Berücksichtigung finden. Zwar sind sowohl die Landesbanken als auch die Sparkassen im europäischen Ausland nicht ohne weiteres mit den kommunalen Sparkassen vergleichbar. In jedem Fall zählt aber die Einbindung in das Sparkassenwesen zu ihren Gemeinsamkeiten.[227] Infolgedessen ist zu erwarten, dass Entwicklungen zur Privatisierung von Landesbanken und zur Privatisierung von Sparkassen im europäischen Ausland auf die kommunalen Sparkassen ausstrahlen.[228]

I. Privatisierungsregelungen im Recht der Landesbanken

Hinsichtlich der Privatisierung von Landesbanken sind bereits verschiedene Landesgesetzgeber tätig geworden.

1. Rechtsformwechsel

Beispielsweise ist im saarländischen Sparkassengesetz der Landesbank Saar – Girozentrale – nicht nur die Möglichkeit zur Beteiligung Privater als stille Gesellschafter eröffnet. Die Anteilseigner der Landesbank haben darüber hinaus die Option, die Landesbank in eine Aktiengesellschaft umzuwandeln.[229] In diesem Fall muss aber das Stammkapital ganz oder zumindest überwiegend in der Hand

---

225 Gesetz über die Vereinigung der Stadtsparkasse Frankfurt am Main mit der Frankfurter Sparkasse von 1822 (Polytechnische Gesellschaft) vom 19.Oktober 1988,Hess.GVBl. I, S.345

226 Thode, Veräußerung öffentlich-rechtlicher Versicherungsunternehmen, S.211

227 Deutscher Sparkassen- und Giroverband, Jahresbericht 2001 - Märkte, S.0

228 Für Schmidt, Kreditwesen 2003, 180f. kommt beispielsweise unter Berücksichtigung des bayerischen Landesbanken-Modells die beliehene Sparkassen-Holding AG und die beliehene Sparkassen AG in Betracht.

229 Siehe § 36 Saarl.SpkG

juristischer Personen des öffentlichen Rechts verbleiben,[230] so dass die Privatisierung im Ergebnis auf eine Organisationsprivatisierung begrenzt ist.

2. Trennmodell

Ein Rechtsformwechsel in eine Aktiengesellschaft ist auch für die Westdeutsche Landesbank – Girozentrale – in Nordrhein-Westfalen vorgesehen. Das Gesetz zur Neuregelung der Rechtsverhältnisse der öffentlich-rechtlichen Kreditinstitute in Nordrhein-Westfalen[231] gibt die Umwandlung sogar zwingend vor.[232] Dasselbe Gesetz bestimmt zugleich die Errichtung einer neuen Landesbank, der Landesbank Nordrhein-Westfalen,[233] und zwar in der Organisationsform einer Anstalt des öffentlichen Rechts. Diese ist Alleinaktionärin der in eine Aktiengesellschaft umgewandelten alten Landesbank[234] und hat die Aufgaben einer Staats- und Kommunalbank.[235] Im Umkehrschluss bedeutet diese Vorgehensweise, dass die alte Landesbank nicht nur organisatorisch privatisiert wurde. Ihr wurde zugleich der öffentliche Auftrag einer Landesbank im Sinne des Trennmodels entzogen.

3. Beleihung

In Rheinland-Pfalz findet die Privatisierungsform der Beleihung Anwendung. Eine formwechselnde Umwandlung der Landesbank Rheinland-Pfalz – Girozentrale – ist nicht vorgesehen. Deren Organisationsform ist nach wie vor die einer rechtsfähigen Anstalt des öffentlichen Rechts.[236] Mit Zustimmung der Landes kann aber die Trägerschaft und das Stammkapital an der Landesbank ganz oder teilweise übertragen werden.[237] Dabei ist auch eine Übertragung auf juristische Personen des privaten Rechts nicht ausgeschlossen. Allerdings bedarf es dazu einer entsprechenden Beleihung der juristischen Person des privaten Rechts durch das Land.[238] Somit eröffnet das Sparkassengesetz in Rheinland-Pfalz zwar den

---

230 Siehe § 36 Saarl.SpkG
231 N.-W.GVBl. 2002, S.284
232 Siehe Artikel 1, § 8 Gesetz zur Neuregelung der Rechtsverhältnisse der öffentlich-rechtlichen Kreditinstitute in Nordrhein-Westfalen
233 Siehe Artikel l, § 1 Gesetz zur Neuregelung der Rechtsverhältnisse der öffentlich-rechtlichen Kreditinstitute in Nordrhein-Westfalen
234 Siehe Artikel l, § 1 u. § 8 Gesetz zur Neuregelung der Rechtsverhältnisse der öffentlich-rechtlichen Kreditinstitute in Nordrhein-Westfalen
235 Siehe § 38 N.-W.SpkG
236 Siehe § 26 Rh.-Pf.SpkG
237 Siehe § 26b Rh.-Pf.SpkG
238 Siehe § 26b Rh.-Pf.SpkG

Weg für eine Privatisierung des Vermögens der Landesbank. Der öffentliche Auftrag der Landesbank wird jedoch nicht entstaatlicht.

Der Weg der Beleihung wurde auch in Bayern gewählt. Dort können der Freistaat Bayern und der Sparkassenverband Bayern als ursprüngliche Träger der Bayerischen Landesbank einer juristischen Person des Privatrechts die Trägerschaft an der Landesbank im Wege der Beleihung übertragen.[239] Insofern ist auch für diesen Fall der Weg zu einer Vermögensprivatisierung eröffnet. Wird das Kapital einer solchen Aktiengesellschaft aber allein vom Freistaat und den kommunalen Sparkassen gehalten,[240] erweist sich die Beleihung im Variationenspiel der Privatisierungsformen als eine nur formelle Aufgabenprivatisierung.

II. Die Privatisierung von Sparkassen im europäischen Ausland

So wie es in der Bundesrepublik Deutschland eine Tendenz zur Privatisierung der Landesbanken und der kommunalen Sparkassen gibt, sind auch im europäischen Ausland Entwicklungen zur Privatisierung im Sparkassenwesen auszumachen.[241] Eine nähere Betrachtung zeigt, dass auch hierbei die unterschiedlichsten Privatisierungsformen festgestellt werden können.

1. Beispiel: Großbritannien

In Großbritannien fand beispielsweise eine Vermögensprivatisierung statt.

Als Geldsammelstellen für sozial schwächere Bevölkerungsgruppen gab es in Großbritannien zeitweilig bis zu 600 Sparkassen, sogenannte Trustee Saving Banks (TSB).[242] Es handelte sich dabei um voneinander unabhängige private Institute in der Rechtsform lokaler Stiftungen, vergleichbar einem nicht eingetragenen Verein. Die Sparkassen hatten einen räumlich begrenzten Geschäftskreis, gemeinnützigen Charakter und boten eine begrenzte Auswahl von Sparprodukten an.[243] Die britische Regierung nutzte die Banken zur Refinanzierung, haftete für

239 Siehe Art.3 Gesetz über die Errichtung der Bayerischen Landesbank Girozentrale
240 Schmidt, Kreditwesen 2002, 728
241 Dennig, Wirtschaftsdienst 1990, 532; Hedrich, Die Privatisierung der Sparkassen, S.289; Laudenbach, Organisationsform Aktiengesellschaft für kommunale Sparkassen, S.248; Rehm, Sparkasse 1993, 177
242 Josten, Sparkasse 1995, 580
243 Laudenbach, Organisationsform Aktiengesellschaft für kommunale Sparkassen, S.244

ihre Verbindlichkeiten und überwachte sie.[244] Treuhänder, ein sogenannter Board of Trustee, leitete die Geschäftspolitik im Rahmen nationaler Vorschriften.[245]

Ein Konzentrationsprozess zu Beginn der 70er Jahre des 20. Jahrhunderts führte zunächst zu einer Verschmelzung der bis dahin verbliebenen 73 Sparkassen auf 17 Regionalinstitute und im Jahre 1983 zu einer Verschmelzung der 17 Regionalinstitute auf 4 Landesbanken.[246] Diese wurden in Aktiengesellschaften umgewandelt und unter die Führung einer Holding gestellt.[247] Die Aktien der Holding, der sogenannten TSB Group PLC, wurden 1986 an der Börse platziert und damit die Entwicklung zu einer Geschäftsbank eingeleitet.[248] Bereits vorab waren sparkassenspezifische Restriktionen und auch die Garantie des Staates entfallen.[249]

Auf diese Weise haben die Sparkassen in Großbritannien nicht nur ihren hergebrachten Charakter verloren. Es fand auch eine Vermögensprivatisierung statt, indem ein Eigentümer der TSB Group PLC nicht auszumachen war und diese Funktion nach der Börsenplatzierung nunmehr die Aktionäre wahrnehmen.[250]

2. Beispiel: Italien

In Italien haben die Sparkassen ebenfalls eine Privatisierung erfahren. Ursprünglich waren sie ihrer jeweiligen Region verbunden und gemeinnützig tätig.[251] Es handelte sich vornehmlich um öffentlich-rechtliche Stiftungen.[252] Das Bankgeschäft in Italien hatte infolge gesetzlicher Vorgaben aus den 30er Jahren des 20. Jahrhunderts ohnehin öffentlichen Charakter.[253] Mit der Zeit, insbesondere seit Mitte der 80er Jahre des 20. Jahrhunderts, entfielen diese Restriktionen.[254] So wurde den Sparkassen in öffentlicher Trägerschaft die Möglichkeit zur Umwand-

244 Hughes, Die Sparkassen in der EG, S.49ff.
245 Josten, Sparkassen 1995, 580
246 Josten, Sparkassen 1995, 580
247 Laudenbach, Organisationsform Aktiengesellschaft für kommunale Sparkassen, S.244
248 Josten, Sparkassen 1995, 580f.; Meyer-Horn, Sparkasse 1987, 105ff.
249 Hughes, Die Sparkassen in der EG, S.54f
250 Hughes, Die Sparkassen in der EG, S.59f.; Meyer-Horn, Sparkasse 1987, 111
251 Larch/Schröder, Bulletin.Deutsche Bank Research 2000, 17; Laudenbach, Organisationsform Aktiengesellschaft für kommunale Sparkassen, S.245
252 Gröschel, Sparkasse 1992, 191; Josten, Sparkasse 1996, 317
253 Larch/Schröder, Bulletin.Deutsche Bank Research 2000, 17
254 Gröschel, Sparkasse 1992, 191; Josten, Sparkasse 1996, 317; Larch/Schröder, Bulletin.Deutsche Bank Research 2000, 17

lung in Aktiengesellschaften eröffnet, wenn beim Sparkassenträger unter Einschaltung einer privaten Stiftung eine Kapitalmehrheit verblieb.[255]

Diese Möglichkeit zur Umwandlung nutzten viele Sparkassen. Sie gliederten das Bankgeschäft aus und brachten nach den Vorgaben des Gesetzgebers das gesamte Kapital in Stiftungen privaten Rechts ein,[256] zu denen nachstehend noch ausgeführt wird.

In einem weiteren Schritt hielt der Gesetzgeber unter Fristsetzung die privaten Stiftungen zur Veräußerung ihrer Aktienmehrheiten an. Anderenfalls sollte das Schatzministerium kommissarisch die dazu notwendigen Veräußerungen einleiten. Die Stiftungen haben darauf mit unterschiedlicher Intensität reagiert.

Gesetzliche Aufgabe der privaten Stiftungen war und ist es, die ursprünglichen sozialen und öffentlichen Aufgaben der Sparkassen weiterhin wahrzunehmen.[257] Sie verwalten dazu die aus der Privatisierung des Bankgeschäftes erzielten Erlöse, insgesamt ein Vermögen von rund 20 Mrd. Euro.[258] Beteiligungen an Unternehmen und Immobilien sind ihnen nur unter bestimmten Voraussetzungen gestattet. Druckmittel des Staates zur Durchsetzung seiner Vorgaben ist die Drohung mit einer Aberkennung des vorteilhaften Status einer non-profit-Einrichtung.[259]

In Italien wurden die Sparkassen damit wie in Großbritannien ebenfalls als Geschäftsbanken in den Wettbewerb entlassen. Als Kapitalsammelstellen für ärmere Schichten wirken sie nunmehr allenfalls aus betriebswirtschaftlichen und weniger aus sozialen Erwägungen. Ihre ursprüngliche Gemeinnützigkeit repräsentieren jetzt die neu geschaffenen privaten Stiftungen, deren Direktorien von öffentlichen Institutionen bestellt werden.[260] In Anbetracht dessen ist festzustellen, dass in Italien die Sparkassen zwar vollständig als Vermögenswert privatisiert wurden, die Privatisierung ihrer Gemeinnützigkeit aber nur formell erfolgte.

---

255 Gröschel, Sparkasse 1992, 193; Josten, Sparkasse 1996, 317; Mauri, Kreditwesen 1994, 581

256 Josten, Sparkasse 1996, 318; Laudenbach, Organisationsform Aktiengesellschaft für kommunale Sparkassen, S.245

257 Josten, Sparkasse 1996, 317; Larch/Schröder, Bulletin.Deutsche Bank Research 2000, 18

258 Larch/Schröder, Bulletin.Deutsche Bank Research 2000, 20

259 Larch/Schröder, Bulletin.Deutsche Bank Research 2000, 18/20; Mauri, Kreditwesen 1994, 581

260 Larch/Schröder, Bulletin.Deutsche Bank Research 2000, 19

3. Beispiel: Österreich

In Österreich verläuft die Privatisierung der Sparkassen ähnlich wie in Italien.

Bevor die Entwicklung begann, waren die österreichischen Sparkassen regelmäßig als Gemeindesparkassen oder als Vereinssparkassen organisiert. Bei den Gemeindesparkassen wurde das Gründungskapital von einer Gemeinde dotiert, die auch für die Verbindlichkeiten der Sparkasse haftete. Bei den Vereinssparkassen wurde das Kapital von den Vereinsgründern aufgebracht.[261] Beide Formen wurden im Ergebnis so wie die Sparkassen in Großbritannien als „eigentümerlos" betrachtet[262] und standen insofern einer Privatisierung offen. Waren es 1973 noch 169 Sparkassen,[263] reduzierte sich ihre Zahl infolge einer massiven Konzentrationsbewegung auf 119 im Jahre 1990[264] und auf 64 im Jahre 2002.[265]

Die Konzentrationsbewegung wurde begünstigt durch eine Novelle des österreichischen Kreditwesengesetzes im Jahre 1986. Den Sparkassen wurde es ermöglicht, ihr Unternehmen oder den bankgeschäftlichen Teilbetrieb in eine Sparkassen AG einzubringen.[266] Vom Bankgeschäft entkleidet, reduzierte sich ihre Funktion auf die einer Anteilsverwaltungssparkasse.[267] Die neu geschaffenen Sparkassen AGs wiederum konnten nicht nur nach den Regeln des Sparkassenrechts, sondern auch nach den Regeln des Aktienrechts unter bestimmten Voraussetzungen verschmolzen werden.[268] Zugleich war es insbesondere durch Kapitalerhöhungen möglich, Private am Kapital der Sparkassen AGs zu beteiligen.[269] Die nachhaltige Einbindung der Sparkassen AGs in den Sparkassensektor sollte durch eine gesetzliche „Verbundklammer" sichergestellt werden.[270]

Seit dem Jahre 1999 können die Anteilsverwaltungssparkassen darüber hinaus mittels Formwechsel in eine Privatstiftung umgewandelt werden.[271] Im Fall der Gemeindesparkassen bedeutet dieser Schritt den Wegfall der gemeindlichen Ausfallbürgschaft für Neuverbindlichkeiten. Die gemeindliche Ausfallbürgschaft hätte ansonsten Bestand, unabhängig von der Höhe des Anteils der Anteilsverwal-

---

261 Haumer, Kreditwesen 1994, 480
262 Raschauer, ÖBA 1993, 446
263 Internationales Institut der Sparkassen, Internationales Sparkassen Handbuch, S.1
264 Kaspar, Kreditwesen 1990, 1032
265 Verband der Deutschen Freien Öffentlichen Sparkassen e.V., Jahresbericht 2002, S.37
266 Siehe § 8a Ö-KWG
267 Siehe § 8a Ö-KWG
268 Raschauer, ÖBA 1993, 447
269 Sparkassenverband Österreich, www.sparkasse.at/sGruppe/0.2014.343846.00.html, vom 04.12.2002, S.2
270 Jabornegg, ÖBA 1990, 82
271 Siehe §§ 27a, 27b Ö-SpG

tungssparkasse an der AG,[272] und könnte eines Tages wie die Gewährträgerhaftung und Anstaltslast in Deutschland als europarechtlich unzulässige staatliche Beihilfe problematisiert werden.[273]

Da auch die Umwandlung der Anteilsverwaltungssparkassen in eine Privatstiftung fakultativ ist, gibt es damit in Österreich für die ursprünglichen Sparkassen derzeit drei Organisationsformen: Die klassische „eigentümerlose" Sparkasse, die Anteilsverwaltungssparkasse und die Sparkassenstiftung.[274]

Die Privatstiftungen nehmen weiterhin die Funktion der Anteilsverwaltungssparkassen wahr.[275] Ihren Stiftungszweck hat der Gesetzgeber insofern bestimmt, als dass der Aufgabenbereich der Stiftungsbegünstigten ausschließlich die Verfolgung gemeinnütziger, wohltätiger oder kirchlicher Zwecke zum Gegenstand haben darf.[276]

Ausgehend von der Unterscheidung zwischen Gemeinde- und Vereinssparkassen, ist es hinsichtlich der Gemeindesparkassen zwar nicht gesetzlich vorgegeben, dass die Vorstände der Sparkassenstiftungen sich aus öffentlichen Institutionen rekrutieren.[277] Die Praxis ist aber zu vermuten, während es bei den Vereinssparkassen bei dem bestimmenden Einfluss der privaten Hand bleiben dürfte. Damit käme es in Österreich hinsichtlich der Gemeindesparkassen zu einer ähnlichen Entwicklung wie in Italien,[278] d.h. zu einer Vermögensprivatisierung und einer formellen Privatisierung der öffentlichen Aufgabe. Bei den bislang als „eigentümerlos" erachteten Vereinssparkassen dagegen handelt es sich wie in Großbritannien letztlich nur um eine Vermögensprivatisierung, die nicht im Zusammenhang mit einer Entstaatlichung steht.

4. Beispiel: Frankreich

Ganz anders als in Großbritannien, Italien und Österreich fand eine Privatisierung der Sparkassen in Frankreich statt.

Die Sparkassen in Frankreich waren denen der Bundesrepublik Deutschland am ehesten vergleichbar. Es handelte sich regelmäßig um Stiftungen sui generis[279] mit beschränktem Geschäftsgebiet[280]. Sie waren gemeinnützig, und ein

---

272 Mailly, Sparkasse 1999, 138
273 Klein, Die Privatisierung der Sparkassen und Landesbanken, S.79
274 Sparkassenverband Österreich, www.sparkasse.at/sGruppe/0.2014.343846.00.html, vom 04.12.2002, S.1
275 Sulz, ÖBA 1999, 450
276 Siehe § 27a Ö-SpG
277 Fries, ÖBA 1999, S.362f.
278 Ähnlichkeiten sieht auch Mailly, Sparkassen 1999, 140
279 Moster, Sparkasse 1999, 549

Sparkassengesetz gab als öffentlichen Auftrag die Förderung des Sparsinns und das Sammeln von Spareinlagen vor.[281] Die Einlagen der Sparkassen wurden durch den Staat garantiert.[282]

Nach Reformgesetzen in den Jahren 1983 und 1991 zur Gleichstellung der Sparkassen mit den Banken der übrigen Bankengruppen verabschiedete das französische Parlament im Jahre 1999 ein weiteres Reformgesetz zur Stärkung der Stellung der Sparkassen im Wettbewerb.[283] Wesentliches Element dieses Reformgesetzes war die Privatisierung der Sparkassen.

Infolge der Privatisierung haben seit Beginn des Jahres 2000 die Sparkassen in Frankreich die Rechtsform einer Genossenschaft. Sie können nunmehr im Gegensatz zu vorher auf Grund der neuen Rechtsform jegliche Bankgeschäfte ausführen. Ihre Anteilseigner sind lokale Spargesellschaften, die ebenfalls die Rechtsform einer Genossenschaft innehaben. Anteilseigner der lokalen Spargesellschaften wiederum sind Sparkassenkunden, Sparkassenmitarbeiter und Gebietskörperschaften. Die Erlöse aus deren Zahlungen zum Erwerb von Anteilen wurden dem staatlichen Rentenreservefonds zugeführt.[284]

Die lokalen Spargesellschaften nehmen selbst keine Bankgeschäfte wahr, sie vereinigen lediglich die Gruppe der Anteilseigner und koordinieren diese. Die Anteilseigner erhalten eine Gewinnbeteiligung und können die Anteile mit Zustimmung der Sparkassen verkaufen. Abgerundet wird die Neugestaltung des Sparkassensektors durch die Bildung einer (Sparkassen-) Nationalbank in der Rechtsform der Aktiengesellschaft und eines (Sparkassen-) Nationalverbandes in der Rechtsform eines eingetragenen Vereins sowie gemeinsamer Tochtergesellschaften und Einrichtungen.[285]

Die neue Rechtsform der Genossenschaft knüpft an den bisherigen dezentralisierten Aufbau des Sparkassensektors[286] und damit an das Regionalprinzip an. Von Gesetzes wegen ist dem Sparkassensektor auch nach wie vor ein gemeinnütziger Auftrag zugewiesen, insbesondere den Sparsinn in der Bevölkerung zu unterstützen.[287] Allerdings wird dieser öffentliche Auftrag nunmehr beeinflusst

---

280 Laudenbach, Organisationsform Aktiengesellschaft für kommunale Sparkassen, S.245; Meyer-Horn, Sparkasse 1989, 20

281 Moster, Sparkasse 1987, 187

282 Moster, Die Sparkassen in der EG, S.21

283 Hofinger/Riesenfelder, Gewerbliche Genossenschaften, 23

284 Henke, Die Bank 2001, 90

285 Hofinger/Riesenfelder, Gewerbliche Genossenschaften, 32ff.; Moster, Sparkasse 1999, 551f.; Ray/Milhaud, Eine Reform für eine neue Entwicklungsphase der französischen Sparkassengruppe, S.1ff.

286 Moster, Sparkasse 1999, 550

287 Hofinger/Riesenfelder, Gewerbliche Genossenschaften, 22; Moster, Sparkasse 1999, 550

durch die gleichzeitig zu beachtende Maßgabe, den Anteilseignern der Sparkassen bzw. denen der lokalen Spargesellschaften eine Dividende zu zahlen.[288]

Damit ist festzuhalten, dass in Frankreich durch den Rechtsformwechsel die Abhängigkeit der Sparkassen vom Staat beendet wurde unter weitestgehender Wahrung ihres ursprünglichen Charakters.[289] Diese Vorgehensweise kann als materielle Privatisierung im weiten Sinne qualifiziert werden.

---

288 Henke, Die Bank 2001, 90

289 Klein, Das Sparkassenwesen in Deutschland und Frankreich, S.264

Dritter Teil: Die materielle Privatisierung einer kommunalen Sparkasse

Im Rahmen der Diskussion über die Privatisierung kommunaler Sparkassen wird anhand des vorstehend als Privatisierungsmodell aufgezeigten Rechtsformwechsels regelmäßig die Umsetzung einer Organisationsprivatisierung nebst einer sich anschließenden teilweisen[290] oder vollständigen Vermögensprivatisierung[291] nachvollzogen. Ist die vollständige Vermögensprivatisierung als Privatisierungsform Gegenstand der Darstellung wird auch von einer Vollprivatisierung,[292] einer echten Privatisierung[293] oder einer materiellen Privatisierung[294] gesprochen. Findet die Bezeichnung „materielle Privatisierung" aber bereits in diesem Zusammenhang Verwendung, stellt sich die Frage, ob damit schon die materielle Privatisierung einer kommunalen Sparkasse Beachtung fand.

Um die Frage zu beantworten, ist zunächst das Schicksal der Aufgabe kommunaler Sparkassen in den oben genannten Fällen einer vollständigen Vermögensprivatisierung nachzuvollziehen. Festgestellt werden kann, dass stets von einem Wegfall des öffentlichen Auftrages kommunaler Sparkassen ausgegangen wird.[295] Die Aufgabenstellung wird freigegeben und Privaten anheim gestellt,

---

290 Siehe insofern: Blume, Sparkassen im Spannungsfeld, S.161ff.; Claussen, Teilprivatisierung kommunaler Sparkassen?, S.186ff.; Hedrich, Die Privatisierung der Sparkassen, S.315ff.; Laudenbach, Organisationsform Aktiengesellschaft für kommunale Sparkassen, S.76ff.; Pinkwart, das rathaus 1988, 689f.; Schlierbach/Püttner, Das Sparkassenrecht, S.40ff.

291 Siehe insofern: Karl-Bräuer-Institut, Privatisierung von Sparkassen und Landesbanken, S.143f.; Kohlhof/Wilke, Perspektiven zur Privatisierung öffentlich-rechtlicher Sparkassen, S.61

292 Siehe insofern: Blume, Sparkassen im Spannungsfeld, S.163; Fischer, Sparkassen im Wandel, S.143; Hedrich, Die Privatisierung der Sparkassen, S. 318; Kohlhof/Wilke, Perspektiven zur Privatisierung öffentlich-rechtlicher Sparkassen, S. 58; Zügel, Sparkassen im Wandel, S.18f.

293 Siehe insofern: Püttner, Kreditwesen 1994, 840

294 Siehe insofern: Blume, Sparkassen im Spannungsfeld, S.164; Kohlhof/Wilke, Perspektiven zur Privatisierung öffentlich-rechtlicher Sparkassen, S.58; Kronberger Kreis, Privatisierung von Landesbanken und Sparkassen, S.54f.; Möschel, Sparkassen im Wandel, S.120; Pautsch, Privatisierung des öffentlichen Bankensektors, S.227

295 Siehe insofern: Blume, Sparkassen im Spannungsfeld, S.164; Karl-Bräuer-Institut, Privatisierung von Sparkassen und Landesbanken, S.143ff.; Klein, Die Privatisierung der Sparkassen und Landesbanken, S.104; Kohlhof/Wilke, Perspektiven zur

sich dieser freiwillig anzunehmen. In der Tat liegt damit neben der vollständigen Vermögensprivatisierung eine materielle (Aufgaben-) Privatisierung im Sinne einer vollständigen Entstaatlichung bzw. Übertragung einer Aufgabe auf Private vor. Nach wie vor fraglich ist aber, ob es sich dann zugleich auch um die materielle Privatisierung einer kommunalen Sparkasse handelt.

So trägt eine materielle (Aufgaben-) Privatisierung das Risiko der Nichterbringung in sich. Private können, müssen sich aber nicht der privatisierten Aufgabe annehmen.[296] Wird jedoch die materielle Privatisierung einer kommunalen Sparkasse, wie vorliegend, thematisiert, besteht der Anspruch, dass mit dem Unternehmen zugleich dessen Aufgabe von privater Hand übernommen wird. Die materielle Privatisierung einer kommunalen Sparkasse kann also nicht einfach unterteilt werden in eine materielle (Aufgaben-) Privatisierung und eine vollständige Vermögensprivatisierung. Als weiteres Kriterium tritt vielmehr hinzu, dass die privatisierte Aufgabe mittels des privatisierten Vermögens weiterhin wahrgenommen wird. Entfällt dieses Kriterium, kann von einer materiell privatisierten kommunalen Sparkasse nicht (mehr) gesprochen werden. Aufgaben- und Vermögensprivatisierung sind also miteinander zu verbinden. Es bedarf einer materiellen Privatisierung im weiten Sinne, die die vollständige und einheitliche Übertragung einer kommunalen Sparkasse nebst deren Aufgabe auf Private beinhaltet.[297]

Ausgangspunkt der Betrachtung der materiellen Privatisierung einer kommunalen Sparkassen bleibt damit gleichwohl die herkömmliche materielle (Aufgaben-) Privatisierung, die an sich nicht zwingend mit einer Vermögensprivatisierung zu verbinden ist.[298] Wurde die Aufgabe aber mittels eines vermögenswerten Gegenstandes durch den Staat erfüllt, ist bei einer materiellen Privatisierung der Aufgabe auch über die weitere Verwendung dieses Gegenstandes zu entscheiden.[299] In Betracht kommt eine Inanspruchnahme bzw. Umwidmung des Vermögenswertes für eine andere Aufgabe. Des weiteren könnte eine von der materiellen Privatisierung der Aufgabe unabhängige Vermögensprivatisierung erfolgen oder aber eben eine Verknüpfung der Vermögensprivatisierung mit der beabsichtigten materiellen Privatisierung. Werden Vermögens- und materielle (Aufga-

---

Privatisierung öffentlich-rechtlicher Sparkassen, S.58f.; Kronberger Kreis, Privatisierung von Landesbanken und Sparkassen, S.54f.; Möschel, Sparkassen im Wandel, S. 123; Pautsch, Privatisierung des öffentlichen Bankensektors, S.227

296 Gramm, Privatisierung und notwendige Staatsaufgaben, S.108 Schoch, DVBl. 1994, 963

297 Siehe Zweiter Teil A.III.4., S.42f.

298 Hagemeister, Die Privatisierung öffentlicher Aufgaben, S.53; Loesch, Privatisierung öffentlicher Unternehmen, S.52

299 Schmidt, Das DSL-Bank-Modell, S.26

ben-) Privatisierung miteinander verknüpft, ergibt sich die hier gegenständliche materielle Privatisierung im weiten Sinne.

Hinsichtlich dieses Variationenspiels wird im Rahmen der Privatisierungsdiskussion nicht erwogen, die kommunalen Sparkassen als Anstalten des öffentlichen Rechts mit anderen Aufgaben zu betrauen. Regelmäßig wird aber, wie eingangs erwähnt, detailliert erörtert, die kommunalen Sparkassen als Vermögenswert teilweise oder vollständig und losgelöst von ihrer bisherigen Aufgabe zu privatisieren. Bei der letzteren Variante wird die Aufgabenstellung des öffentlichen Auftrages aufgegeben[300] bzw. Privaten anheim gestellt, sich dieser freiwillig anzunehmen. Die freiwillige Wahrnehmung der Aufgabe durch Private problematisiert beispielsweise *Hedrich* und schlägt dazu vor, dass sich eine Kommune ein Versorgungsziel mit folgendem Wortlaut setzt:

„Die Gemeinde X strebt an, dass möglichst kein Einwohner einer geschlossenen Siedlung mehr als y km zurücklegen muss, um wichtige Bankdienstleistungen im Anlage- und Zahlungsverkehrsgeschäft zu erlangen. Dabei ist auch das Angebot der Deutschen Bundespost-Postbank zu beachten. Die Gemeinde ist bereit, sich zu dem angegebenen Zweck mit Subventionen, Beihilfen oder Vergünstigungen an nachgewiesenen Kosten eines privaten Kreditinstituts, die der Erfüllung dieser Ziele dienen, zu beteiligen.“[301]

An eine Verbindung von Vermögens- und materieller (Aufgaben-) Privatisierung wird in diesen Fällen aber nicht gedacht, so dass es nicht zutreffend ist, in dem Zusammenhang gleichwohl von einer materiellen Privatisierung kommunaler Sparkassen zu sprechen. Die dazu erforderliche materielle Privatisierung im weiten Sinne liegt nicht vor. Eine solche wurde bislang auch nur vereinzelt in der Diskussion über die Privatisierung kommunaler Sparkassen berücksichtigt.[302] Sie soll nachstehend dargestellt werden und wird dazu wieder in eine Aufgaben- und eine Vermögensprivatisierung unterteilt.

---

300 Siehe Fn. 295

301 Hedrich Die Privatisierung der Sparkassen, S.318

302 Siehe Klein, Das Sparkassenwesen in Deutschland und Frankreich, S.392ff., der eine Vorgehensweise nach dem französischen Privatisierungsmodell für kommunale Sparkassen detailliert nachvollzieht. Siehe Steiner, Bankenmarkt und Wirtschaftsordnung, S.80, der die Überlegung aber von vornherein ablehnt, da nur durch eine aufwendige staatliche Überwachung die dauerhafte Wahrung der Aufgabenstellung durch Private gewährleistet werden könne.

A. Aufgabenprivatisierung

I. Der öffentliche Auftrag als zu wahrende Aufgabenstellung

Zur Privatisierung der Aufgabe einer kommunalen Sparkasse im Sinne einer materiellen Privatisierung im weiten Sinne ist zunächst die von Privaten zu wahrende Aufgabenstellung festzuhalten. Diese ergibt sich aus deren öffentlichem Auftrag.[303]

Wie bereits vorstehend ausgeführt, besagt der öffentliche Auftrag kommunaler Sparkassen nach einer Verständigung zwischen der Sparkassenorganisation, den Ländern und Kommunen aus dem Jahre 2001, dass auf der Grundlage der Markt- und Wettbewerbserfordernisse im Geschäftsgebiet der kommunalen Sparkasse durch sie der Wettbewerb zu stärken ist und eine angemessene und ausreichende Versorgung aller Bevölkerungskreise, insbesondere des Mittelstandes, mit geld- und kreditwirtschaftlichen Leistungen sichergestellt werden muss.[304]

Soweit darüber hinaus in den öffentlichen Auftrag eine Unterstützung der Aufgabenerfüllung der Kommunen im wirtschaftlichen, regional-politischen, sozialen und kulturellen Bereich einbezogen wird,[305] ergibt sich daraus keine Aufgabenstellung für eine kommunale Sparkasse. Es handelt sich auch nicht um eine Vorgabe zur Art und Weise der Aufgabenerfüllung, sondern allenfalls um eine Vorgabe zur Gewinnverwendung, da die kommunale Sparkasse die Kommune nur unterstützen, nicht aber selbst bzw. unabhängig von der Kommune in den genannten Bereichen tätig werden soll.[306] Die gemeinwohlbezogene Gewinnverwendung selbst stellt keine Aufgabe dar.[307]

---

303 Zur Aufgabe kommunaler Sparkassen insoweit u.a. auch: Karl-Bräuer-Institut, Privatisierung von Sparkassen und Landesbanken, S.12; Kohlhof/Wilke, Perspektiven zur Privatisierung öffentlich-rechtlicher Sparkassen, S.20; Purbach, Die Auswirkungen des Binnenmarktes auf die Sparkassen, S.199

304 Siehe Erster Teil D.II.1.b., S.32f.

305 Siehe z.B. § 2 Abs.1 Meckl.-Vorp.SpkG

306 Dahingestellt sei eine steuerliche Betrachtung, zumal, so Kirchhof, Entwicklungsperspektiven kommunaler Sparkassen, S.77, die Zuweisung einer kommunalen Tätigkeit zur Eigenerledigung gegen eine (verdeckte) Gewinnausschüttung spricht.

307 Pautsch, Privatisierung des öffentlichen Bankensektors, S.125

Wenn sich der Inhalt der zu wahrenden Aufgabe auch aus dem öffentlichen Auftrag der kommunalen Sparkasse ergibt, ist gleichwohl der eigentliche Träger der Aufgabe die Kommune und nicht die kommunale Sparkasse.

Zu bedenken ist dabei, dass die kommunalen Sparkassen vom kommunalen Selbstverwaltungsrecht gem. Art.28 Abs.2 S.1 GG umfasst sind.[308] Die Kommunen haben gem. Art.28 Abs.2 S.1 GG das Recht, alle Angelegenheiten der örtlichen Gemeinschaft im Rahmen der Gesetze in eigener Verantwortung zu regeln. Das Betreiben von Sparkassen stellt eine solche Betätigung dar. Das Sparkassenwesen dient aus Sicht der Kommunen primär der Daseinsvorsorge[309] und gehört zu deren freiwilligen Aufgaben.[310] Die Kommunen werden weder zur Gründung und Aufrechterhaltung von Sparkassen gezwungen, noch ist sie ihnen verboten. Das kommunale Bankenverbot findet auf Sparkassen keine Anwendung,[311] weil bei kommunalen Sparkassen eine gewinnorientierte und damit risikobehaftete Betätigung nicht im Vordergrund steht.[312]

Übernehmen nun die Kommunen in diesem Rahmen freiwillig die Verantwortung für die Versorgung der Bevölkerung mit Bankdienstleistungen, sind ihnen die kommunalen Sparkassen allein Mittel zum Zweck. Diese sind ungeachtet ihrer rechtlichen Verselbständigung als Anstalten des öffentlichen Rechts auf Grund der bestehenden organisatorischen Verflechtung nach wie vor kommunale Einrichtungen.[313]

Deutlich wird die Unterordnung dadurch, dass die Existenz einer kommunalen Sparkasse abhängig ist vom politischen Willen der Kommune, die damit im übrigen auch Adressat der Privatisierungsdiskussion ist.[314] Im Rahmen ihrer Einschätzungsprärogative hat allein die Kommune über das öffentliche Interesse an

---

308 BVerwG, NVwZ-RR 1989, 11 (12); Burmeister, Sparkassen im Wandel, S.41; Jakob, Die Sparkassen und der Einfluß des Bundesgesetzgebers, S.57; Nierhaus, DÖV 1984, 665

309 BVerfGE 75, 192 (200); BayVerfGH, BayVBl.1986, 461 (463); BGH, WM 1983, 466 (467); ders., NJW 2003, 1658; Burmeister, Sparkassen im Wandel, S.30; Laudenbach, Organisationsform Aktiengesellschaft für kommunale Sparkassen, S.95

310 Gleske, Wettbewerb öffentlicher und privater Kreditinstitute, S.255; Pautsch, Privatisierung des öffentlichen Bankensektors, S.142

311 Siehe z.B. § 108 Abs.5 Nds.GO

312 Hedrich, Die Prvatisierung der Sparkassen, S.51; Laudenbach, Organisationsform Aktiengesellschaft für kommunale Sparkassen, S.224ff.; Waechter, Kommunalrecht, S.376

313 BVerfG, NVwZ 1995, 370 (371); Burmeister, Sparkassen im Wandel, S.30/Fn.13 m.w.N.

314 Blankenburg, Wirtschaftsdienst 2000, 47

der kommunalen Sparkasse zu befinden.[315] Ist von ihr die Auflösung der kommunalen Sparkasse beschlossen, unterliegt die Kommune in ihrem eigenen Wirkungskreis allenfalls einer präventiven Rechtsaufsicht.[316] Die kommunalen Sparkassen selbst könnten sich zu ihrer Wahrung nicht einmal auf Grundrechte berufen.[317] Als Teil der vollziehenden Gewalt sind sie nicht grundrechtsfähig.[318]

Solange eine Kommune also die Verantwortung für die Versorgung der Bevölkerung mit Bankdienstleistungen übernehmen will, nimmt sie sich dieser Aufgabe mit Errichtung und Beibehaltung der kommunalen Sparkasse an. Der öffentliche Auftrag, in diesem Bereich der Daseinsvorsorge tätig zu werden, ist den kommunalen Sparkassen mithin von den Kommunen erteilt und spiegelt deren Aufgabe wider.[319] Der Umstand, dass sich die Kommunen eines durch den Landesgesetzgeber vorformulierten Auftrages und Rahmens bedienen, führt nicht dazu, dass die Kommunen als Aufgabenträger in Frage gestellt sind.

III. Wahrnehmung der Aufgabe durch Private

Wird die Aufgabenstellung des öffentlichen Auftrages einer kommunalen Sparkasse, der sich eigentlich als Aufgabe der Kommune erwiesen hat, auf Private im Sinne einer materiellen Privatisierung im weiten Sinne übertragen und nicht nur entstaatlicht, müssen die Privaten zu dessen Wahrung von der öffentlichen Hand nicht nur die Leistungserbringung und deren Finanzierung, sondern auch die Leistungsverantwortung übernehmen. Der öffentlichen Hand verbleibt allein eine allgemeine Überwachungsfunktion.[320]

---

315 Arnim, Rechtsfragen der Privatisierung, S.48f.

316 Berger, Sparkassengesetz für das Land Niedersachsen, § 1 Rn.7; Gramlich/Grill/Egger u.a., Gabler-Bank-Lexikon L-Z, S.1423; Gern, Deutsches Kommunalrecht, S.401; Schlierbach/Püttner, Das Sparkassenrecht, S.83; a.A. ohne Begründung Hedrich, Die Privatisierung von Sparkassen, S.57

317 BVerfGE 45, 63 (80)

318 BVerfGE 75, 192 (197); BVerfG, JZ 1990, 335; BVerwG,DVBl.1972, 780 (781); BGH, NJW 2003, 1658; Igelspacher, Die Bundeszuständigkeit im kommunalen Sparkassenwesen, S.102; Kirchhof, Die Rechtspflicht zur Übertragung von Zweigstellen, S.5f.; Oebecke, Rechtsfragen der Eigenkapitalausstattung der kommunalen Sparkassen, S.83ff.

319 Blume, Sparkassen im Spannungsfeld, S.45; Henneke, NdsVBl. 2000, 131; Nierhaus, Sparkasse 1985, 16

320 So auch allgemein zur Wahrung einer Aufgabe durch Private im Rahmen einer Aufgabenprivatisierung: Hagemeister, Die Privatisierung öffentlicher Aufgaben, S.51ff.; Monopolkommission, BT-Drs.12/3031, S.23ff.; Pautsch, Privatisierung des öffentlichen Bankensektors, S.140f.; Schmidt, Das DSL-Bank-Modell, S.25; Stanovsky, Privatisierung von Sparkassen, S.16

1. Übertragung der Leistungserbringung

In einem ersten Schritt soll zunächst die Übertragung der Leistungserbringung betrachtet werden.

So wird im Rahmen des aus dem Baugewerbe bekannten Submissionssystems die Leistungserbringung isoliert auf einen Dritten übertragen, während die Finanzierung und die Leistungsverantwortung beim Leistungsträger verbleiben. Ist die öffentliche Hand im Sinne dieses Systems Leistungsträger, so ist der private Dritte, der die Leistung erbringt, einem Verwaltungshelfer vergleichbar.[321]

In Anbetracht dessen könnte ein privates Kreditinstitut mit der Durchführung des öffentlichen Auftrages der kommunalen Sparkasse als privates Sub-Unternehmen des öffentlichen Haupt-Unternehmens Sparkasse beauftragt werden. Vom Erscheinungsbild wäre die Tätigkeit vergleichbar mit der derzeitigen Tätigkeit der Mitarbeiter der Deutschen Post AG für die Deutsche Postbank AG in den Filialen der Deutschen Post AG. Die Aufgabe der kommunalen Sparkasse als Haupt-Unternehmen würde sich auf die Finanzierung und Kontrolle der Tätigkeit des privaten Sub-Unternehmens beschränken. Freiwerdendes Vermögen der kommunalen Sparkasse könnte auf das private Sub-Unternehmen übertragen oder anderweitig veräußert werden.

2. Übertragung der Finanzierung

In einem weiteren Schritt kommt die Übertragung des finanziellen Risikos auf den privaten Leistungserbringer im Rahmen eines Konzessionssystems in Betracht.

Im Fall eines Konzessionssystems erfolgt im Ergebnis eine funktionale Privatisierung. Es verbleibt der öffentlichen Hand nur noch die Leistungsverantwortung, die sie im Wege der Kontrolle der Aufgabenerfüllung wahrnimmt. Im Unterschied zum Submissionssystem wird der Private als Leistungsträger im eigenen Namen tätig und übernimmt zugleich auch das finanzielle Risiko von der öffentlichen Hand. Eines Haupt-Unternehmens bedarf es dann nicht mehr.[322]

So könnte sich ein privates Kreditinstitut zur Erfüllung des öffentlichen Auftrages der kommunalen Sparkasse verpflichten und das betriebswirtschaftliche

---

321 Arnim, Rechtsfragen der Privatisierung, S.18; Bucher, Privatisierung von Bundesfernstraßen, S.30ff.; Hagemeister, Die Privatisierung öffentlicher Aufgaben, S. 52.; Schmidt, Das DSL-Bank-Modell, S.25; Schoch, DVBl. 1994, 963; Stanovsky, Privatisierung von Sparkassen, S.16

322 Hagemeister, Die Privatisierung öffentlicher Aufgaben, S.52f.; Stanovsky, Privatisierung von Sparkassen, S.16

Risiko übernehmen.[323] Der öffentlichen Hand verbliebe ein Kontrollrecht zur Wahrung der Leistungsverantwortung. Die kommunale Sparkasse selbst stände zur Disposition.

3. Übertragung der Leistungsverantwortung

Der letzte Schritt wird getan, wenn die öffentliche Hand auch ihre Leistungsverantwortung auf Private überträgt.

Im Fall der kommunalen Sparkasse genügt es dazu nicht, dass die Kommune den öffentlichen Auftrag einfach aufgibt, indem sie von der freiwilligen Selbstverwaltungsaufgabe Abstand nimmt. Der öffentliche Auftrag wäre dann zwar entstaatlicht und eine materielle (Aufgaben-) Privatisierung läge vor. Die Leistungsverantwortung wäre jedoch nicht auf Private übertragen. Private könnten, müssten sich aber nicht der Aufgabe annehmen. Erst recht wäre die Aufgabenstellung des öffentlichen Auftrages nicht im Sinne einer materiellen Privatisierung im weiten Sinne mit der Vermögensprivatisierung der kommunalen Sparkasse verknüpft.

Von der öffentlichen Hand müsste also darauf geachtet werden, dass die private Hand, die im Rahmen der Vermögensprivatisierung die kommunale Sparkasse übernimmt, auch deren bisherige Aufgabenstellung wahrt. Das kann beispielsweise erfolgen, indem die Vermögensprivatisierung davon abhängig gemacht wird, dass die Aufgabenstellung gesellschaftsvertraglich als Unternehmenszweck weiterhin Berücksichtigung findet. Einer solchen Vorgehensweise ist immanent, dass auch die Leistungserbringung und die Finanzierung des ursprünglich öffentlichen Auftrages[324] einer kommunalen Sparkasse in die privaten Hände wechselt. Es läge eine mit der Vermögensprivatisierung verknüpfte materielle (Aufgaben-) Privatisierung und damit eine Aufgabenprivatisierung im Sinne einer materiellen Privatisierung im weiten Sinne vor.

---

323 Schlierbach/Püttner, Das Sparkassenrecht, S.42

324 Der materiell privatisierte öffentliche Auftrag einer kommunalen Sparkasse wird nachfolgend auch als ursprünglich öffentlicher Auftrag bezeichnet, unabhängig davon, ob die Allgemeinheit oder aber die Kommune als dafür zuständiges Organ im Anschluss an eine materielle (Aufgaben-) Privatisierung fortwährend ein öffentliches Interesse an der Erfüllung der Aufgabenstellung bejaht und daher nach wie vor von einer öffentlichen Aufgabe gesprochen werden könnte. Zur Einordnung einer Aufgabe als Staats- oder öffentliche Aufgabe siehe: Koch, Der rechtliche Status kommunaler Unternehmen in Privatrechtsform, S.133; Löwer, DVBl. 1991, 138; Schoch, Privatisierung der Abfallentsorgung, S.37; Weiß, Privatisierung und Staatsaufgaben, S.22ff.

B. Die Vermögensprivatisierung

I. Vermögensprivatisierung durch Rechtsformwechsel

So wie die Aufgabenprivatisierung kann auch die Vermögensprivatisierung einer kommunalen Sparkasse im Rahmen einer materiellen Privatisierung im weiten Sinne in einzelne Phasen unterteilt werden, wenn der Weg über den Rechtsformwechsel beschritten wird.

Zunächst käme es zu einer Organisationsprivatisierung und damit einem Wechsel von der öffentlich-rechtlichen Organisationsform einer Anstalt des öffentlichen Rechts in eine private Organisationsform, beispielsweise die einer Aktiengesellschaft. In einem weiteren Schritt würde die Veräußerung eines Teiles der Gesellschaftsanteile eine Teilprivatisierung bedeuten. Es entsteht ein gemischtwirtschaftliches Unternehmen. In dieser Phase kann noch dahingestellt bleiben, ob der öffentliche Auftrag beim weiteren Fortgang der Privatisierung beibehalten oder aufgegeben werden soll, solange ein bestimmender Einfluss der Kommunen gewahrt ist.[325] Erst wenn die Kommune ihren bestimmenden Einfluss aufgibt, ist das Schicksal des öffentlichen Auftrages zu entscheiden.[326] Im Fall einer materiellen Privatisierung im weiten Sinne müsste die Aufgabenstellung mit der Vermögensprivatisierung verknüpft werden. Die Vermögensprivatisierung selbst wäre letztlich abgeschlossen, wenn sämtliche Geschäftsanteile auf Private übertragen sind.

II. Vermögensprivatisierung durch Vermögensübertragung

Eine im Rahmen der Diskussion über die Privatisierung kommunaler Sparkassen bislang noch nicht erörterte Variante der Vermögensprivatisierung, die auch im Rahmen einer materiellen Privatisierung im weiten Sinne Anwendung finden könnte, ist die Vermögensübertragung durch Liquidation.[327] Danach überträgt ein

---

325 Clausen, Teilprivatisierung kommunaler Sparkassen, S.209; Hedrich, Die Privatisierung der Sparkassen, S.315f.; Karl-Bräuer-Institut, Privatisierung von Sparkassen und Landesbanken, S.143ff.; Kohlhof/Wilke, Perspektiven zur Privatisierung öffentlich-rechtlicher Sparkassen, S.61; Laudenbach, Organisationsform Aktiengesellschaft für kommunale Sparkassen, S.232; Purbach, Die Auswirkungen des Binnenmarktes auf die Sparkassen, S.236; Zügel, Sparkassen im Wandel, S.21

326 Steiner, Bankenmarkt und Wirtschaftsordnung, S.151f.

327 Klein, Das Sparkassenwesen in Deutschland und Frankreich, S.370, erwähnt zwar die Vermögensübertragung, führt aber nicht weitergehend dazu aus, da diese für Anstalten des öffentlichen Rechts nicht anwendbar sei.

Rechtsträger unter Auflösung ohne Abwicklung sein Vermögen als Ganzes auf einen übernehmenden Rechtsträger. Eine Gesamtrechtsnachfolge tritt ein.[328] Die bestehende Gesetzeslage berücksichtigt diese Form der Vermögensübertragung bereits für öffentlich-rechtliche Versicherungsunternehmen,[329] die wie die kommunalen Sparkassen regelmäßig die Rechtsform einer Anstalt des öffentlichen Rechts haben.[330]

III. Verbleib der Gegenleistung

Unabhängig davon, ob die Vermögensprivatisierung im Rahmen einer materiellen Privatisierung im weiten Sinne auf die eine oder andere Weise erfolgt, ergibt sich die Frage nach dem Verbleib der Gegenleistung.

Die Monopolkommission hatte in ihrem IX. Hauptgutachten den öffentlichen Haushalten für den Fall einer Privatisierung der öffentlich-rechtlichen Kreditinstitute die Möglichkeit zum Abbau ihrer Verschuldung in Aussicht gestellt.[331] Dieser Auffassung wurde aber widersprochen und entgegnet, dass die Kommunen das Vermögen der kommunalen Sparkassen nicht beanspruchen können. Sie seien nur Träger der Anstalten. Zur Begründung wurde und wird nach wie vor angeführt, dass die Kommunen den kommunalen Sparkassen kein Dotationskapital zur Verfügung gestellt haben. Die kommunalen Sparkassen hätten sich ihr Eigenkapital und damit ihr Vermögen vielmehr selbst erwirtschaftet. Das Vermögen stehe in deren Eigentum, da sie als juristische Personen des öffentlichen Rechts eigentumsfähig seien. Die Anstalten gehörten sich also selbst,[332] allenfalls der Allgemeinheit und damit den Bürgern der Kommunen.[333] Eine Privatisierung zu Gunsten der Kommunen würde einen Vertrag zu Lasten Dritter bedeuten.[334]

Auf diese Argumentation ist zu entgegen, dass die kommunalen Sparkassen als juristische Personen des öffentlichen Rechts sicherlich eigentumsfähig sind und infolgedessen hinsichtlich ihres Vermögens Eigentumsbefugnisse ausüben können. Im Rahmen der Privatisierungsdiskussion geht es aber nicht um die Ver-

---

328 Siehe §§ 174 ff. UmwG

329 Siehe §§ 188 ff. UmwG

330 Thode, Veräußerung öffentlich-rechtlicher Versicherungsunternehmen, S.87

331 Monopolkommission, BT-Drs. 12/3031, S.25

332 Siehe insofern: Horn, Sparkasse 1999, 188; Löwer, ZBB 1993, 112; Neuhoff, Die Bank 2001, 894

333 Siehe insofern: Brandt, Sparkasse 1993, 55; Hedrich, Die Privatisierung der Sparkassen, S.57; Klein, Die Privatisierung der Sparkassen und Landesbanken, S.40, der allerdings einräumt, dass der Einfluss der Kommune der Stellung eines Eigentümers nahe kommt.

334 Siehe insofern: Rehm, WM 1993, 138

fügung über Vermögen der kommunalen Sparkassen, sondern um die Verfügung über die kommunalen Sparkassen als Vermögen. Da die Kommunen im Rahmen der Landesgesetze die Entscheidungskompetenz über Errichtung, Auflösung und satzungsmäßige Gestaltung kommunaler Einrichtungen haben, sind sie es, die mit der Gewalt eines Eigentümers im Sinne des Zivilrechts[335] über die kommunalen Sparkassen verfügen können, nicht aber die kommunalen Sparkassen selbst oder die kommunale Bevölkerung. Den Kommunen wird dabei zwar der Grundrechtsschutz eines Eigentümers nicht zuteil, gleichwohl aber grundsätzlich der Schutz des Grundgesetzes aus dem Recht auf kommunale Selbstverwaltung gem. Art.28 Abs.2 GG.[336] Danach ist das Eigentum von Gemeinden insoweit von Art.28 Abs.2 GG geschützt, als dass es Gegenstand und Grundlage kommunaler Betätigung ist.[337]

Im Gegensatz zur Sparkassenprivatisierung in Großbritannien gibt es in der Bundesrepublik Deutschland mit den Kommunen immerhin Träger der Anstalten. Die Sparkassen in Großbritannien hatten nicht einmal Vereine oder Stiftungen als Träger, so dass bis heute die Eigentumsfrage und damit der Verbleib des Privatisierungserlöse dahingestellt sind.[338] Es ergab sich die Besonderheit, dass für einen Aktionär der TBS Group PLC das Gleichnis zitiert wurde: „In einem Geschäft erwarb der Aktionär eine Tasche für 100 Pfund und zu Hause stellte er fest, dass die Tasche nicht nur 100 Pfund wert war, sondern auch noch ein 100-Pfund-Schein in ihr lag."[339] Tatsächlich wurde aber ein Privatisierungserlös für den Vermögenswert „Sparkasse" erzielt, indem der Aktionär in Großbritannien letztlich neben dem Nennwert und dem bei einer Aktienemission üblichen Aufgeld ein gesondertes Aufgeld für seine Aktie gezahlt hat. Während Nennwert und das übliche Aufgeld der Stärkung des Eigenkapitals des Kreditinstitutes dienten, war das gesonderte Aufgeld der Preis für die Beteiligung an dem bereits vorhandenen Vermögen der Sparkasse gewesen. Da dieses gesonderte Aufgeld auf Grund der ungeklärten Eigentumsfrage aber an keinen Eigentümer ausgeschüttet wurde, sondern ebenfalls im Unternehmen verblieb und dessen Substanzwert erhöhte,[340] haben sich in Großbritannien die Sparkassen bzw. hat sich die TBS Group PLC letztlich doch selbst an die Aktionäre „verschenkt".

In der Bundesrepublik Deutschland dagegen steht mit der überwiegenden Meinung ein Erlös aus der Privatisierung kommunaler Sparkassen den Kommu-

---

335 Siehe § 903 BGB

336 BVerfG, NVwZ 1995, 370 (371)

337 BVerwGE 97, 143 (151); Jarass/Pieroth, Gundgesetz, Art.28 GG Rn.13a

338 Meyer-Horn, Sparkassen 1987, 107ff.; Hughes, Die Sparkassen in der EG, S.59f.

339 Meyer-Horn, Sparkasse 1987, 107

340 Klein, Die Privatisierung der Sparkassen und Landesbanken, S.73

nen zu.[341] Selbst in den Landessparkassengesetzen finden sich dahingehende Regelungen, die sich zwar ausdrücklich auf die Auflösung kommunaler Sparkassen beziehen.[342] Eine Auflösung kommunaler Sparkassen kommt aber ihrer Vermögensprivatisierung im Ergebnis gleich. Allenfalls ist noch zu problematisieren, ob der Privatisierungserlös dem Schuldenabbau dienen kann unter Verweis darauf, dass die Sparkassengesetze für den Fall einer Liquidation regelmäßig eine gemeinnützige Verwendung vorsehen.[343] Derzeit noch nicht berücksichtigt werden weitergehende Überlegungen, beispielsweise einen Privatisierungserlös zu gemeinnützigen Zwecken einem Dritten zu überlassen. Dieser Dritte könnten die Privaten sein, die sich des ursprünglich öffentlichen Auftrages bzw. der kommunalen Sparkassen annehmen, oder es könnte ein Stiftungssystem eingerichtet werden wie in Italien oder Österreich.[344]

C. Wahrung weiterer sparkassenspezifischer Merkmale

Werden nun Aufgabenprivatisierung und Vermögensprivatisierung im Rahmen einer materiellen Privatisierung im weiten Sinne miteinander verknüpft, bedeutet das gleichwohl, dass sich der Staat einheitlich und vollständig des Privatisierungsgegenstandes begibt. Das öffentliche Unternehmen ist entstaatlicht. Der öffentlichen Hand verbleibt lediglich die allgemeine Überwachung des privaten Unternehmens, das die Aufgabenstellung des öffentlichen Auftrages unter den Bedingungen des Wettbewerbs weiterhin wahrnimmt. Darüber hinaus behält die öffentliche Hand keine Rechte und Pflichten zurück.[345]

---

341 Siehe insofern: Gesellschaft für öffentliche Wirtschaft, Sparkassen und Landesbanken in der Wettbewerbs- und Privatisierungsdiskussion, S.29; Lambsdorff, Kreditwesen 1993, 602; Oebbecke, der gemeindehaushalt 2001, 173; Streuber, Perspektiven der kommunalen Sparkassen, S.102; Vonderheid, ZögU 1991, 278

342 Siehe z.B. § 18 Bay.SpkG; § 29 Meckl.-Vorp.SpkG; § 42 Nds.SpkG; § 35 N.-W.SpkG; § 1 Rh.-Pf.SpkG; § 28 Saarl.SpkG; § 29 Sächs.SpkG

343 Siehe insofern: Karl-Bräuer-Institut, Privatisierung von Sparkassen und Landesbanken, S.115; Kohlhof/Wilke, Perspektiven zur Privatisierung öffentlich-rechtlicher Sparkassen, S.50ff.; Möschel, WM 1993, 93; Naser, Kreditwesen 2001, 531; Schmidhuber, Sparkasse 1993, 349; Schmidt, Kreditwesen 2002, 728; Schuster, Sparkasse 1995, 425; Steiner, Bankenmarkt und Wirtschaftsordnung, S.45

344 Siehe Zweiter Teil D.II.2. u. 3., S.60ff.; Auf Vorteile einer Stiftungslösung verweist Beuthien, WM 2003, 1885

345 Arnim, Rechtsfragen der Privatisierung, S.16f.; Karl-Bräuer-Institut, Privatisierung öffentlicher Dienstleistungen, S.9f.; Kohlhof/Wilke, Perspektiven zur Privatisierung öffentlich-rechtlicher Sparkassen, S.19; Purbach, Die Auswirkungen des Binnenmarktes auf die Sparkassen, S.167f.; Stanovsky, Privatisierung von Sparkassen, S.15ff.

Für eine kommunale Sparkasse hat eine derartige Entstaatlichung den Wegfall der kommunalen Bindung zur Folge.[346] So wird ihr von der Kommune kein öffentlicher Auftrag mehr erteilt, und es entfällt ihr Status als kommunale Einrichtung. Weder als Anstalt des öffentlichen Rechts noch als gemischwirtschaftliches Unternehmen ist sie weiterhin dem Einfluss der Kommune ausgesetzt. Auch finden die besonderen sparkassenrechtlichen Vorschriften sowie ergänzend das Kommunalrecht keine Anwendung mehr. Den bisherigen Wesensmerkmalen der kommunalen Sparkasse wie beispielsweise dem öffentlichen Auftrag und dem Regionalprinzip ist damit die rechtliche Begründung genommen. Ohne weiteres würden diese entfallen und materiell privatisierte kommunale Sparkassen sich infolge der Entkommunalisierung nur noch über die Erfüllung des ursprünglich öffentlichen Auftrages identifizieren, da allein dessen Wahrung der materiellen Privatisierung im weiten Sinne immanent ist.

Zu erwägen ist, die mit dem Wegfall der kommunalen Bindung in Frage gestellten Wesensmerkmale, die neben dem öffentlichen Auftrag eine kommunale Sparkasse kennzeichnen, beizubehalten. Diese sparkassenspezifischen Kennzeichen beinhalten zwar keine Aufgabenstellung, bestimmen aber die Art und Weise der Aufgabenerfüllung.[347] Da es im Rahmen einer materiellen Privatisierung im weiten Sinne der öffentlichen Hand unbenommen ist, auch Einfluss darauf zu nehmen, wie zukünftig die materiell privatisierte Aufgabe von Privaten erfüllt wird,[348] ist es mithin möglich, durch entsprechende rechtliche Regelungen an ihnen festzuhalten. Lediglich das Ziel der materiellen Privatisierung im weiten Sinne darf nicht in Frage gestellt werden. So ist es offensichtlich, dass die Rechtsform einer Anstalt des öffentlichen Rechts im Widerspruch zur materiellen Privatisierung einer kommunalen Sparkasse steht und dieses Wesensmerkmal entfallen muss.

I. Anstaltslast und Gewährträgerhaftung

Weitere Wesensmerkmale kommunaler Sparkassen, die einer Rechtsgrundlage entbehren, wenn die kommunale Bindung endet, sind die Anstaltslast und die Gewährträgerhaftung. Es kann aber dahinstehen, ob deren Wahrung dem Ziel ei-

---

346 Eichhorn, Kreditwesen 1992, 1130; Steiner, Bankenmarkt und Wirtschaftsordnung, S.154f.; Zügel, Sparkassen im Wandel, S.19

347 Kohlhof/Wilke, Perspektiven zur Privatisierung öffentlich-rechtlicher Sparkassen, S.20; Madeja, Der öffentliche Auftrag von Spargirobanken, S.40

348 Arnim, Rechtsfragen der Privatisierung, S.20; Bucher, Privatisierung von Bundesfernstraßen, S.33f.; Karl-Bräuer-Institut, Privatisierung öffentlicher Dienstleistungen, S.16

ner materiellen Privatisierung entgegensteht. Unabhängig von einer materiellen Privatisierung kommunaler Sparkassen entfallen Anstaltslast und Gewährträgerhaftung als sparkassenspezifische Kennzeichen zukünftig ohnehin infolge der Verständigung der Bundesregierung, der Bundesländer und des Deutschen Sparkassen- und Giroverbandes mit der Europäischen Kommission.[349]

II. Gemeinnützigkeit

Soll die sparkassenspezifische Gemeinnützigkeit im Rahmen der materiellen Privatisierung einer kommunalen Sparkassen gewahrt werden, ist zu bedenken, dass die Gemeinnützigkeit kommunaler Sparkassen sich sowohl auf die Art und Weise der Aufgabenerfüllung als auch auf die Gewinnverwendung auswirkt. Sie stellt zum einen die Absicht der Gewinnerzielung und zum anderen die freie Verwendung des Gewinns in Frage.[350] Gerade die Aussicht auf einen frei verwendbaren Gewinn initiiert im Wettbewerb aber die private unternehmerische Tätigkeit und den Einsatz privaten Eigentums.[351] Folglich ist davon auszugehen, dass die sparkassenspezifische Gemeinnützigkeit der Erfüllung des ursprünglich öffentlichen Auftrages durch Private im Wettbewerb entgegensteht. So wie die öffentlich-rechtliche Organisationsform müsste daher auch sie im Fall der materiellen Privatisierung einer kommunalen Sparkasse als deren bisheriges Wesensmerkmal entfallen.

III. Subsidiaritätsprinzip

Ähnliches gilt für das sparkassenspezifische Subsidiaritätsprinzip, das bei der Errichtung kommunaler Sparkassen zu berücksichtigen ist. Die materielle Privatisierung einer kommunalen Sparkasse beinhaltet nicht die Errichtung einer neuen Sparkasse. Sie knüpft vielmehr am Status quo des Bestandes an kommunalen Sparkassen an. Den privaten Unternehmern, die sich kommunaler Sparkassen und ihres öffentlichen Auftrages annehmen, kann allenfalls die Möglichkeit zur Vereinigung und Auflösung materiell privatisierter kommunaler Sparkassen eröffnet

---

349 Siehe Erster Teil D.II.1.c., S.33ff.

350 Kohlhof/Wilke, Perspektiven zur Privatisierung öffentlich-rechtlicher Sparkassen, S.20f.; Purbach, Die Auswirkungen des Binnenmarktes auf die Sparkassen, S.59; Madeja, Der öffentliche Auftrag von Spargirobanken, S.61ff.; Weber, Öffentliche Unternehmen unter besonderer Berücksichtigung kommunaler Sparkassen, S.170f.

351 Baßeler/Heinrich, Grundlagen und Probleme der Volkswirtschaft, S.182; Hefermehl, Wettberwerbsrecht, Allg. Rn.5

werden, nicht aber deren Neuerrichtung. Mithin ergibt sich kein Anwendungsbereich für das Subsidiaritätsprinzip im Rahmen der materiellen Privatisierung einer kommunalen Sparkasse, und seine Wahrung kann dahinstehen.

IV. Enumerationsprinzip

Anders verhält es sich beim Enumerationsprinzip. Während das Enumerationsprinzip den kommunalen Sparkassen erst den Bereich der kreditwirtschaftlichen Betätigung eröffnet und auf diese Weise deren Wesen bestimmt, würde es den Bereich der kreditwirtschaftlichen Betätigung materiell privatisierter kommunaler Sparkassen begrenzen. Private Kreditinstitute bedürfen für ihre Tätigkeit eines solchen Prinzips als weitergehender Legitimation nicht. Wie im Fall der kommunalen Sparkassen würde aber auch für private Kreditinstitute das Enumerationsprinzip das wirtschaftliche Risiko mindern. Dieser Schutz steht dem Ziel der materiellen Privatisierung einer kommunalen Sparkasse nicht entgegen, da es gleichwohl bei der allgemeinen Überwachungsfunktion des Staates bleibt. Insofern könnte die materielle Privatisierung einer kommunalen Sparkasse davon abhängig gemacht werden, dass der Private, dem die kommunale Sparkasse übertragen wird, mit dieser nur Bankgeschäfte in einem beschränkten Umfang tätigen darf. Eine Großbank, die im Rahmen einer solchen materiellen Privatisierung eine kommunale Sparkasse übernehmen, ihren bisherigen Wirkungskreis aber nicht einschränken will, müsste sie also als ein Tochterunternehmen betreiben, das sich dahingehend verpflichtet. Anderenfalls könnte sich die Großbank zwar freiwillig einer Aufgabenstellung unterwerfen, die inhaltlich dem öffentlichen Auftrag kommunaler Sparkassen entspricht. Das könnte sie auch bereits heute. Sie bekäme aber keine kommunale Sparkasse übertragen.

V. Regionalprinzip

Neben der Wahrung des Enumerationsprinzips kommt auf diese Weise auch eine Wahrung des Regionalprinzips im Rahmen der materiellen Privatisierung einer kommunalen Sparkasse in Betracht.

An sich entfällt zwar mit dem Wegfall der kommunalen Bindung die kommunalverfassungsrechtliche Begründung für eine räumliche Begrenzung der Geschäftstätigkeit der kommunalen Sparkassen. Solange der ursprünglich öffentliche Auftrag erfüllt wird, könnte also ein privates Unternehmen auch über diese Grenzen hinweg tätig werden. Genauso gut ist es aber auch mit der materiellen Privatisierung einer kommunalen Sparkasse vereinbar, am bisherigen Regionalprinzip festzuhalten, da lediglich die Art und Weise der Aufgabenerfüllung bestimmt wird. Entscheidend ist damit auch in diesem Fall letztlich der politische Wille.

VI. Verbundprinzip, Sparkassenaufsicht und Pflichtmitgliedschaft im regionalen Sparkassen- und Giroverband

Die kommunalen Sparkassen zeichnen sich des Weiteren dadurch aus, dass sie Bestandteil der Sparkassenorganisation sind. Ihre Einbindung ergibt sich aus dem Verbundprinzip, der Pflichtmitgliedschaft im regionalen Sparkassen- und Giroverband und aus der Sparkassenaufsicht, der sie unterliegen. Da die materielle Privatisierung einer kommunalen Sparkasse die rechtlichen Grundlagen dieser Einbindung ebenfalls entfallen lässt, stellt sich die Frage nach dem Verbleib der materiell privatisierten kommunalen Sparkasse eben dort.

So könnte der ursprünglich öffentliche Auftrag von einer materiell privatisierten kommunalen Sparkassen wahrgenommen werden, ohne den Bezug zur Sparkassenorganisation aufrechtzuerhalten. Weder wäre eine Teilnahme am Sparkassenverbund erforderlich noch eine Mitgliedschaft im regionalen Sparkassen- und Giroverband. Die Sparkassenaufsicht im Sinne einer staatlichen Anstaltsaufsicht entfällt mit einer materiellen Privatisierung ohnehin zwingend. Im übrigen ist es der öffentlichen Hand aber auch unbenommen, die Erfüllung des ursprünglich öffentlichen Auftrages im Rahmen der gegebenen und die kommunalen Sparkassen kennzeichnenden Strukturen vorzugeben und die materielle Privatisierung davon abhängig zu machen. Im Rahmen der Sparkassenprivatisierung in Frankreich und Österreich wurde das Verbundssystem ebenfalls gewahrt.[352] Die Einbindung der materiell privatisierten kommunalen Sparkasse in die Sparkassenorganisation wäre dann mit der Einbindung der freien Sparkassen in die Sparkassenorganisation vergleichbar. Lediglich die Sparkassenaufsicht müsste dahingehend modifiziert werden, dass es sich nicht um eine besondere öffentlich-rechtliche Aufsicht handelt, sondern um eine privatrechtliche Prüfung durch die Sparkassen- und Giroverbände, der in vergleichbarer Form Kreditinstitute in privater Organisationsform unterliegen.[353]

352 Klein, Die Privatisierung der Sparkassen und Landesbanken, S.82
353 Siehe §§ 316ff. HGB, §§ 53ff. GenG

Schließlich ist die Firmierung als Sparkasse als besonderes Wesensmerkmal kommunaler Sparkassen zu berücksichtigen. Die Bezeichnung „Sparkasse" steht im Rahmen der materiellen Privatisierung einer kommunalen Sparkasse zur Disposition, zumal materiell privatisierte kommunale Sparkassen die Voraussetzungen des § 40 KWG nicht erfüllen würden. Dazu wird an anderer Stelle noch genauer ausgeführt.

So wie der öffentliche Auftrag einer kommunalen Sparkasse ohnehin und unabhängig von ihrer materiellen Privatisierung unter einem anderen Namen erfüllt werden könnte, stehen Sinn und Zweck einer materiellen Privatisierung aber auch einer Beibehaltung der Firmierung nicht entgegen. Wiederum ist lediglich die Art und Weise der Aufgabenerfüllung betroffen und die angestrebte Entstaatlichung nicht in Frage gestellt. Es bietet sich sogar an, dass eine materiell privatisierte kommunale Sparkasse die Bezeichnung „Sparkasse" beibehält, da die Aufgabenstellung des öffentlichen Auftrages der kommunalen Sparkassen in der Bevölkerung mit dieser Firmierung identifiziert wird[354] und auch die bestehende Gesetzeslage den Begriff dahingehend prägt.[355] Zudem ist der Firmierung in Zusammenschau mit ihrer weitergehenden Ausgestaltung im Rahmen des Sparkassen-Finanzverbundes[356] ein eigenständiger Vermögenswert zuzusprechen, der verloren ginge. Der Marke „Sparkasse",[357] ihrem hohen Bekanntheitsgrad und dem Sparkassen-Erkennungszeichen kommt hier eine eigene Bedeutung zu.[358] Die Wahrung der Firma und der Verbleib der materiell privatisierten kommunalen Sparkasse im Sparkassensektor dürften sich damit gegenseitig bedingen.

D. Die freien Sparkassen im Vergleich

Vorbild dafür, dass sparkassenspezifische Kennzeichen auch von Privaten gewahrt werden können, sind die freien Sparkassen, die dem Verband der Deutschen Freien Öffentlichen Sparkassen e.V. angehören.

Die freien Sparkassen führen die Bezeichnung „Sparkasse" und haben gleichwohl eine private Organisationsform. Sie sind historisch bedingt und Aus-

---

354 Szagunn, Gesetz über das Kreditwesen, § 40 KWG Rn.1
355 Siehe z.B. § 40 Abs.1, Nr.3 KWG; § 2 Abs.1 Meckl.-Vorp.SpkG
356 Geiger, Die deutsche Sparkassenorganisation, S.135
357 Oebbecke, der gemeindehaushalt 2001, 174; ders., VerwArch 2002, 285
358 Klein, Die Privatisierung der Sparkassen und Landesbanken, S.67

druck dafür, dass an sich der Begriff Sparkasse an keine Rechtsform gebunden ist.[359]

Die derzeit sieben Kreditinstitute sind ebenfalls Bestandteil des Sparkassensektors, jedoch nicht den geschäftspolitischen Restriktionen der Landessparkassengesetze unterworfen. Die ausschließliche Gesetzgebungskompetenz der Länder zur Regelung der Organisation der Wahrnehmung staatlicher und kommunaler Aufgaben erstreckt sich nur auf öffentlich-rechtliche Sparkassen, nicht aber auf die freien Sparkassen.[360]

Die freien Sparkassen sind öffentlich und darüber hinaus mündelsicher und gemeinwohlorientiert. Öffentlich sind die freien Sparkassen insofern, als dass sie einem nicht beschränkten Kundenkreis geöffnet und hierzu auch geeignet sind. Sie sind staatlich als mündelsicher anerkannt und ihre Gemeinwohlorientierung ergibt sich aus einer entsprechenden Selbstverpflichtung.[361]

Dem Ideal einer materiell privatisierten kommunalen Sparkasse stehen die freien Sparkassen damit lediglich insofern entgegen, als dass sie nicht zur Erfüllung einer Aufgabenstellung verpflichtet sind, die dem öffentlichen Auftrag der kommunalen Sparkassen inhaltlich entspricht. Zudem widerspricht ihre Gemeinwohlorientierung den Regeln des Wettbewerbs,[362] in den der öffentliche Auftrag der kommunalen Sparkassen aber entlassen werden soll. Sein Schicksal soll nicht vom Wohlwollen Privater abhängen.

E. Zusammenfassung und Ausblick

Zusammenfassend kann festgestellt werden, dass zur Umsetzung der materiellen Privatisierung einer kommunalen Sparkasse der öffentliche Auftrag der kommunalen Sparkasse von der Kommune vollständig in die privaten Hände zu übertragen ist, die auch die kommunalen Sparkassen selbst übernehmen. Der Privatisierungserlös stände der Kommune zu. Die materiell privatisierte kommunale Sparkasse könnte Bestandteil der Sparkassenorganisation bleiben, und ihre Firmierung, das Regionalprinzip sowie das Enumerationsprinzip könnten als Wesensmerkmale gewahrt werden.

---

359 Pfisterer, Die Sparkassen in der EG, S.66; Streuber, Europa und die deutsche Sparkassenorganisation, S.6

360 BVerwG, DVBl. 1984, 789ff.

361 Geiger, Die deutsche Sparkassenorganisation, S.34f.; Verband der Deutschen Freien Öffentlichen Sparkassen e.V., Jahresbericht 2002, S.10

362 Siehe Dritter Teil C.II., S.80f.

Klarstellend sei angemerkt, dass im Rahmen der vorstehenden Betrachtung die Landesbanken, die ebenfalls von einem öffentlichen Auftrag geprägt sind,[363] keine Berücksichtigung fanden. Unberücksichtigt blieb auch die Sparkassenorganisation als solche. Die Sparkassenorganisation hat keinen eigenständigen öffentlichen Auftrag, auch wenn mitunter auf einen öffentlichen Auftrag der Sparkassenorganisation verwiesen wird.[364] Gemeint ist damit aber nur eine Zusammenschau der von den einzelnen Landesbanken und kommunalen Sparkassen wahrgenommenen Aufgaben.

---

363 Geiger, Die deutsche Sparkassenorganisation, S.89; Gesellschaft für öffentliche Wirtschaft, Sparkassen und Landesbanken in der Wettbewerbs- und Privatisierungsdiskussion, S.16f.; Karl-Bräuer-Institut, Privatisierung von Sparkassen und Landesbanken, S.12

364 Siehe insofern: Wettbewerbsenquete der Bundesregierung von 1968, BT-Drs. V/3500, S.43f.; Möschel, Sparkassen im Wandel, S.123f.

Vierter Teil: Die Organisationsform der eingetragenen Genossenschaft für kommunale Sparkassen

Unabhängig davon, welche Privatisierungsform für kommunale Sparkassen im Rahmen der Privatisierungsdiskussion erörtert wird, steht regelmäßig als alternative private Organisationsform die Aktiengesellschaft im Vordergrund. Durch die Ausgabe von Aktien soll nicht nur das Eigenkapital kommunaler Sparkassen gestärkt, sondern auch der Weg für weitergehende Privatisierungen eröffnet werden.[365] Andere private Organisationsformen wie beispielsweise die GmbH,[366] die Stiftung[367] oder aber die Organisationsform der eingetragenen Genossenschaft[368] werden demgegenüber in der Privatisierungsdiskussion nur nachrangig betrachtet.

Die Organisationsform der Aktiengesellschaft ist es auch, die überwiegend im europäischen Ausland bei der Privatisierung von Sparkassen Anwendung fand. Zu verweisen ist auf die Vorgehensweise in Großbritannien, Italien und Österreich.[369] Eine Ausnahme bildet Frankreich. Für die dortigen Sparkassen wurde als private Organisationsform die der Genossenschaft gewählt.[370] In der Bundesrepublik Deutschland repräsentiert der Sektor der Kreditgenossenschaften die kreditwirtschaftliche Betätigung in dieser Organisationsform.[371]

---

365 Siehe insofern: Claussen, Teilprivatisierung kommunaler Sparkassen, S.209; Karl-Bräuer-Institut, Privatisierung von Sparkassen und Landesbanken, S.143; Kohlhof/Wilke, Perspektiven zur Privatisierung öffentlich-rechtlicher Sparkassen, S.61; Zügel, Sparkassen im Wandel, S.21

366 Siehe insofern: Kronberger Kreis, Privatisierung von Landesbanken und Sparkassen, S.52; Möschel, WM 1993, 98;

367 Siehe insofern: Neuhoff, Die Bank 2001, 890ff.

368 Siehe insofern: Berndt, Kreditwesen 2002, 732; Beuthien, WM 2003, 1882ff.; Blume, Sparkassen im Spannungsfeld, S.165f.; Gerke, Handelsblatt vom 7.12.1998, 23; Gröschel, Sparkasse 1992; 524f.; Klein, Das Sparkassenwesen in Deutschland und Frankreich, S.356ff.; Lüke, Chancen für Genossenschaften im Zuge der Privatisierung, S.308f.; Schmidt, Wirtschaftsdienst 2001, 350f.

369 Siehe Zweiter Teil D.II.1.-3., S.59ff.

370 Siehe Zweiter Teil D.II.4., S.63f.

371 Wettbewerbsenquete der Bundesregierung, BT-Drs.V/3500, S.20; Bauer, Die Genossenschaft, S.27

A. Die historische Entwicklung der Kreditgenossenschaften

Die historische Entwicklung der Kreditgenossenschaften nimmt ihren Ausgang in der Mitte des 19. Jahrhunderts. Zu dieser Zeit ermöglichten die beginnende industrielle Revolution, die Bauernbefreiung und die Einführung der Gewerbefreiheit eine wirtschaftliche Entwicklung, die hergebrachte wirtschaftliche Strukturen in Frage stellte. Die entstehenden Großunternehmen bedrohten mit ihrer Kapitalstärke das Handwerk und das Gewerbe. Zugleich kam die Landwirtschaft in Bedrängnis, insbesondere durch Missernten.[372]

In Anbetracht der wachsenden Not griffen einzelne Persönlichkeiten den genossenschaftlichen Gedanken auf, um die schwachen wirtschaftlichen Kräfte der Einzelnen zu bündeln. Im Vordergrund standen dabei Hermann Schulze-Delitzsch (1808-1883) und Friedrich Wilhelm Raiffeisen (1818-1888). Von diesen wurden zunächst Wohlfahrts- und Hilfseinrichtungen initiiert. So rief Friedrich Wilhelm Raiffeisen 1847 in Weyerbusch/Westerwald den ersten Hilfsverein zur Linderung der Not auf dem Lande ins Leben. Hermann Schulze-Delitzsch gründete im Jahre 1849 eine Hilfsaktion für in Not geratene Tischler und Schuhmacher. Bald entwickelten sich daraus Selbsthilfeorganisationen, die es ihren kapitalschwachen Mitgliedern ermöglichten, im Wettbewerb trotz der schwierigen Umstände weiterhin unternehmerisch tätig zu bleiben. Vorrangig war dabei die Bildung von Vorschuss- und Darlehenskassen, die als Vorläufer der heutigen Kreditgenossenschaften gelten. Im städtischen Bereich gründete 1850 Hermann Schulze-Delitzsch den ersten Vorschussverein. Im ländlichen Bereich errichtete im Jahre 1864 Friedrich Wilhelm Raiffeisen mit dem Heddesdorfer Darlehenskassenverein die erste Darlehenskasse.[373]

Die Vorschuss- und Darlehenskassen gewährten im Unterschied zu anderen Kreditinstituten Kredite unter Würdigung der Ertragskraft und nicht in Abhängigkeit von dinglichen Sicherheiten. Den finanziellen Sorgen der Genossenschaftsmitglieder, die sich mangels ausreichender dinglicher Sicherheiten normalerweise nicht an Kreditinstitute wenden konnten und damit Wucherern ausgesetzt waren, konnte so begegnet werden. [374]

---

372 Bauer, Die Genossenschaft, S.17f; DGRV, Zahlen und Fakten 2003, S.5; Glenk, Die eingetragene Genossenschaft, S.1; Martin, Neuorientierung von Kreditgenossenschaften, S.4ff.; Oellerking/Holzgrabe, Sparkassen und Genossenschaftsbanken, S.75ff.; Turner, Die eingetragene Genossenschaft, S.10ff.; Viehoff, Wirtschaftlicher Mittelstand und genossenschaftliche Bankpolitik, S.47ff.; Wiedemann, Verbundstrategie für Kreditgenossenschaften, S.3ff.

373 Siehe Fn.372

374 Siehe Fn.372

Die Entwicklung beschränkte sich aber nicht nur auf Vorschuss- und Darlehenskassen bzw. Kreditgenossenschaften. Es entstanden auch gewerbliche und Warengenossenschaften, die teilweise an Kreditgenossenschaften angeschlossen waren. Als Vorläufer der gewerblichen Genossenschaften wurden Rohstoffassoziationen gegründet, die es ermöglichten, größere und daher preisgünstigere Mengen von Rohstoffen durch gemeinschaftlichen Einkauf zu beziehen.[375] Gleiches ergab sich im ländlichen Bereich. Auch hier war nicht nur die Kreditierung Gegenstand der Geschäftstätigkeit von Genossenschaften, sondern auch der Bezug und Absatz von Waren.[376]

Die Genossenschaften waren geprägt von den genossenschaftlichen Prinzipien der staatlich unabhängigen Selbsthilfe, Selbstverwaltung und Selbstverantwortung.[377] Für alle Verbindlichkeiten der Genossenschaft hatten die Mitglieder mit ihrem Vermögen solidarisch einzustehen.[378] Ursprünglich fand auch noch das Wohltätigkeitsprinzip Beachtung, das aber bereits früh aufgegeben wurde, da eine ständige Unterstützung durch Wohlhabende nicht gewährleistet werden konnte. Die notwendige Kontinuität der Schicksalsgemeinschaft gewährleisteten allein die Mitglieder, die auf die Selbsthilfe angewiesen waren.[379]

Der Genossenschaftsgedanke breitete sich rasch in den deutschen Ländern aus.[380] Es entstanden voneinander getrennte Genossenschaftsgruppen, insbesondere die städtischen nach Schulze-Delitzsch und die ländlichen nach Friedrich Wilhelm Raiffeisen.[381] So gab es im Jahre 1865 bereits 1.000 Kreditgenossenschaften nach Schulze-Delitzsch und im Jahre 1883 500 Kreditgenossenschaften nach Raiffeisen. Die Gesamtzahl aller Genossenschaften im Deutschen Reich belief sich im Jahre 1914 auf 34.568, die wiederum 6,25 Millionen Mitglieder hat-

---

375 Oellerking/Holzgrabe, Sparkassen und Genossenschaftsbanken, S.82; Turner, Die eingetragene Genossenschaft, S.11

376 Bauer, Die Genossenschaft, S.17; Oellerking/Holzgrabe, Sparkassen und Genossenschaftsbanken, S.86

377 Glenk, Die eingetragene Genossenschaft, S.1; Klock, Leistungssteigerung durch Konzentration, S.6; Martin, Wettbewerbliche Neuorientierung von Kreditgenossenschaften, S.6; Viehoff, Wirtschaftlicher Mittelstand und genossenschaftliche Bankpolitik, S.52

378 Hanel, Prozessuale Beratung im kreditgenossenschaftl. Finanzverbund, S.20; Martin, Wettbewerbliche Neuorientierung von Kreditgenossenschaften, S.6; Viehoff, Wirtschaftlicher Mittelstand und genossenschaftliche Bankpolitik, S.53; Wiedemann, Verbundstrategie für Kreditgenossenschaften, S.3

379 Oellerking/Holzgrabe, Sparkassen und Genossenschaftsbanken, S.84; Wiedemann, Verbundstrategie für Kreditgenossenschaften, S.4f.

380 DGRV, Zahlen und Fakten 2003, S.6

381 DGRV, Zahlen und Fakten 2003, S.6

ten. Zu Beginn des Jahres 1935 waren es schon 53.348 Genossenschaften mit 9 Millionen Mitgliedern.[382]

Eine Zäsur brachte der Zweite Weltkrieg. Es verblieben an Kreditgenossenschaften 11.200 im ländlichen und 750 im gewerblichen Bereich.[383] Im Laufe der folgenden Jahrzehnte bis zum Jahr 2003 reduzierte sich dieser Bestand noch einmal auf insgesamt 1.489 Kreditgenossenschaften, so wie auch die Gesamtzahl der Genossenschaften auf 5.680 abnahm. Diese Entwicklung ist vornehmlich die Folge von Konzentrationsbewegungen zur Wahrung der Wettbewerbsfähigkeit. Trotz der geminderten Zahl konnten die Genossenschaften am Ende des Jahres 2002 mit rund 16 Millionen Mitgliedern gleichwohl noch rd. 7 Millionen mehr Mitglieder ausweisen als sämtliche Genossenschaften im Jahre 1935.[384] Mithin hat sich trotz der Änderungen des wirtschaftlichen und sozialen Umfeldes die Genossenschaftsidee bis heute bewahrt.

Schon früh gab es Bestrebungen, die Genossenschaften auch organisatorisch zusammenzuschließen. Es entstanden Genossenschaftsverbände nach Schulze-Delitzsch (1859), Raiffeisen (1877), Haas (1883) und Korthaus (1901).[385] Aufgabe der Verbände war es, die Mitgliedsgenossenschaften zu informieren, zu beraten, ihre Interessen zu vertreten und sie zu prüfen.[386] Die Prüfung geschah zunächst freiwillig. Erst im Jahre 1889 wurde die Pflichtprüfung gesetzlich vorgeschrieben und 1934 ausschließlich den genossenschaftlichen Verbänden übertragen.[387] Die Verbände Haas und Korthaus gingen 1920 im Deutschen Genossenschaftsverband (Schulze-Delitzsch) e.V. bzw. 1930 im Deutschen Raiffeisenverband e.V. auf.[388] Diese Verbände wiederum vereinigten sich schließlich 1972 im Deutschen Genossenschafts- und Raiffeisenverband e.V., einem Dachverband mit drei fachlich ausgerichteten Bundesverbänden.[389] Zu den drei fachlich ausgerichteten Bundesverbänden gehört der Bundesverband der deutschen Volks- und

---

382 Oellerking/Holzgrabe, Sparkassen und Genossenschaftsbanken, S.86ff.

383 Oellerking/Holzgrabe, Sparkassen und Genossenschaftsbanken, S.86ff.

384 DGRV, Zahlen und Fakten 2003, S.8

385 Baumann/Falkenstein, Die Volksbanken und Raiffeisenbanken, S.20ff.; Oellerking/Holzgrabe, Sparkassen und Genossenschaftsbanken, S.90

386 Hanel, Prozessuale Beratung im kreditgenossenschaftl. Finanzverbund, S.31f.

387 DGRV, Zahlen und Fakten 2003, S.17; Hanel, Prozessuale Beratung im kreditgenossenschaftl. Finanzverbund, S.31f.

388 Baumann/Falkenstein, Die Volksbanken und Raiffeisenbanken, S.20ff.; Oellerking/Holzgrabe, Sparkassen und Genossenschaftsbanken, S.90

389 DGRV, Zahlen und Fakten 2003, S.18; Hanel, Prozessuale Beratung im kreditgenossenschaftl. Finanzverbund, S.32; Oellerking/Holzgrabe, Sparkassen und Genossenschaftsbanken, S.90

Raiffeisenbanken, der sich u.a. auch um die Entwicklung der Geschäftstätigkeit der Kreditgenossenschaften sorgt.[390]

Die Geschäftstätigkeit der Kreditgenossenschaften war am Anfang bestimmt von der Kreditierung ihrer Mitglieder und damit der Aktivseite der Bankbilanz. Im Laufe der Zeit erweiterten die Kreditgenossenschaften aber über den Schwerpunkt der Kreditgewährung hinaus ihr Bankgeschäft. So wurde zusätzlich regelmäßig eine Abteilung „Sparkasse“ unterhalten, die es auch Nichtmitgliedern ermöglichte, Spargelder einzubringen. Diese Tätigkeit, die die Passivseite der Bankbilanz betraf, fand bei den Genossenschaften zunehmend stärkere Gewichtung. Sie traten damit in Konkurrenz zu den eigentlichen Sparkassen. Auch das Wechselinkasso und den Giro-Verkehr führten die Kreditgenossenschaften ein. Mittlerweile sind sie typische Universalbanken, die alle traditionellen und neu entwickelten Bankgeschäfte betreiben.[391]

Infolge der Ausdehnung der Geschäftstätigkeit und ihrer nur regionalen Orientierung ergab sich für die Kreditgenossenschaften die Notwendigkeit, zentrale Geldausgleichstellen und Clearing-Stellen für den Zahlungsverkehr zu schaffen.[392] Um solche Zentralstellen handelte es sich bei der Deutschen Genossenschaftsbank von Soergel, Parisius & Co KGaA von 1864, der Rheinischen Landwirtschaftlichen Genossenschaftsbank eG von 1872 und der 1895 gegründeten Preußischen Zentralgenossenschaftskasse.[393] Letztere dehnte 1932 ihre Geschäftstätigkeit auf das Deutsche Reich aus unter dem Namen Deutsche Zentralgenossenschaftskasse. Als Deutsche Genossenschaftskasse wurde sie nach dem Zweiten Weltkrieg das genossenschaftliche Zentralinstitut und erhielt 1975 die Möglichkeit, „Bankgeschäfte aller Art“ zur Wahrung ihrer Aufgaben auszuüben.[394] Das Institut firmiert heute als DZ Bank/ Deutsche Zentral-Genossenschaftsbank, nachdem es lange Jahre als DG-Bank Deutsche Genossenschaftsbank tätig war.[395]

Aber nicht nur Zentralinstitute rundeten frühzeitig das Angebot der Kreditgenossenschaften ab, sondern auch Verbundunternehmen. So wurden im Jahre 1921 die erste Hypothekenbank, im Jahre 1922 die ersten Versicherungsgesellschaften

390 Bauer, Die Genossenschaft, S.144
391 Gerstenmaier, Zukunftsperspektiven der Kreditgenossenschaften, S.14f.; Wiedemann, Verbundstrategie für Kreditgenossenschaften, S.5f.
392 Hanel, Prozessuale Beratung im kreditgenossenschaftl. Finanzverbund, S.29
393 Baumann/Falkenstein, Die Volksbanken und Raiffeisenbanken, S.21ff.; Oellerking/Holzgrabe, Sparkassen und Genossenschaftsbanken, S.91
394 Oellerking/Holzgrabe, Sparkassen und Genossenschaftsbanken, S.90; Schierenbeck, Genossenschaftliches Zentralbanksystem, S.15
395 Brixner, Kreditwesen 2001, 1058f.; BVR, Jahresbericht 2001, 64

und im Jahre 1931 die erste Bausparkasse des Genossenschaftssektors gegründet.[396]

B. Die Kreditgenossenschaften in der Genossenschaftsorganisation

Die Kreditgenossenschaften sind neben den gewerblichen und Raiffeisen Waren- und Dienstleistungsgenossenschaften Bestandteil der unter dem Dach des Deutschen Genossenschafts- und Raiffeisenverbandes e.V. vereinigten Genossenschaftsorganisation.[397] Zum 31.12.2002 waren dies insgesamt 5.680 Genossenschaften mit ca. 16 Millionen Mitgliedern.[398]

Die Genossenschaftsorganisation ist ein dezentraler, dreistufiger, arbeitsteiliger Verbund,[399] der es jedem Mitglied ermöglicht, im Wettbewerb konkurrenzfähig aufzutreten.[400] Es gilt auch hier das Subsidiaritätsprinzip, wonach jede Ebene die Aufgaben wahrnimmt, die die darunter liegende Ebene nicht aus eigener Kraft bewältigen kann.[401]

I. Regionale und nationale Zentralbanken

In diesem Sinne haben die örtlichen Genossenschaften zur Bewältigung ihrer Geschäftstätigkeit auf regionaler Ebene Zentralen eingerichtet, die wiederum regel-

---

396 Kluge, Geschichte der deutschen Bankgenossenschaften, S.286ff.; Wiedemann, Verbundstrategie für Kreditgenossenschaften, S.6f.; Winter, Genossenschaftswesen, S.27

397 Bauer, Die Genossenschaft, S.17f.; DGRV, Zahlen und Fakten 2003, S.7; Der Vollständigkeit halber ist anzuführen, dass Wohnungsbau- und Konsumgenossenschaften eigenständig organisiert sind. Im freien Ausschuss der Deutschen Genossenschaftsverbände sind der GdW Bundesverband deutscher Wohnungsunternehmen e.V., der Prüfungsverband deutscher Konsum- und Dienstleistungsgenossenschaften e.V. und der Deutsche Genossenschafts- und Raiffeisenverband e.V. vereint. - Siehe DGRV, Geschäftsbericht 2002, S.16

398 DGRV, Zahlen und Fakten 2003, S.8

399 Glaser, Kreditgenossenschaften mit Warenverkehr, S.46

400 Wiedemann, Verbundstrategie für Kreditgenossenschaften, S.20

401 Hanel, Prozessuale Beratung im kreditgenossenschaftlichen Finanzverbund, S.30 u. 35; Oellerking/Holzgrabe, Sparkassen und Genossenschaftsbanken, S.93; Wiedemann, Verbundstrategie für Kreditgenossenschaften, S.15; Winter, Genossenschaftswesen, S.59

mäßig nationale Zentralen unterhalten.[402] Deutlich zu unterscheiden sind die verschiedenen Ebenen bei den Raiffeisen Waren- und Dienstleistungsgenossenschaften. Bei den Kreditgenossenschaften existieren infolge von Fusionen als regionale Zentralbanken nur noch die DZ Bank/ Deutsche Zentral-Genossenschaftsbank und die WGZ-Bank Westdeutsche Genossenschaftszentralbank. Dabei ist die DZ Bank – ehemals DG-Bank – zugleich und vorrangig auch das nationale Zentralinstitut der Kreditgenossenschaften und deckt nicht nur weite Teile der Bundesrepublik Deutschland als regionale Zentralbank ab.[403] Die Zentralbanken nehmen die Funktion von Geldausgleichstellen und Refinanzierungsquellen wahr. Sie sind Ringhauptstellen für den bargeldlosen Zahlungsverkehr und Bindeglied für die Kreditgenossenschaften zum allgemeinen Geld- und Kapitalmarkt.[404]

II. Regionale Genossenschaftsverbände

Während die regionalen und nationalen Zentralen die Geschäftstätigkeit der Genossenschaften unterstützen, werden die Interessen der Genossenschaften auf gleicher Ebene von Genossenschaftsverbänden vertreten.

Auf regionaler Ebene handelte es sich per 31.12.2002 um 11 Genossenschaftsverbände, zu deren Aufgaben es gehört, ihre Mitglieder zu beraten, zu betreuen und zu prüfen.[405] Die regionalen Genossenschaftsverbände sind Zusammenschlüsse von Genossenschaften in der Rechtsform eines eingetragenen Vereins.[406] Jede eingetragene Genossenschaft muss einem Prüfungsverband angehören.[407] Die Pflichtmitgliedschaft ist eine verfassungsgemäße Ausgestaltung des Grundrechts auf Vereinigungsfreiheit.[408] Das Prüfungsrecht wird dem jeweiligen Genossenschaftsverband durch die zuständige oberste Behörde des Bundes-

---

402 DGRV, Geschäftsbericht 2002, S.7; Glaser, Kreditgenossenschaften mit Warenverkehr, S.46; Hanel, Genossenschaftliche Selbsthilfe und struktureller Wandel, S.218; Winter,Genossenschaftswesen, S.181

403 BVR, Jahresbericht 2001, S.64ff.

404 Gerstenmaier, Zukunftsperspektiven der Kreditgenossenschaften, S.8; Hanel, Prozessuale Beratung im genossenschaftlichen Finanzverbund, S.29f.; Schröder, Der moderne Förderauftrag im Gründungsgeschäft, S.126; Schuler, Sortimentspolitik und Förderungsauftrag in Bankgenossenschaften, S.16; Selbach, Risiko und Risikopolitik bei Kreditgenossenschaften, S.19

405 DGRV, Zahlen und Fakten 2003, S.17

406 Bauer, Die Genossenschaft, S.141

407 Siehe § 54 GenG

408 BVerfG, WM 2001, 360 (362); Bauer, Die Genossenschaft, S.135; Beuthien, Genossenschaftsgesetz, § 54 GenG Rn.5; Lang/Weidmüller, Genossenschaftsgesetz, § 54 GenG Rn.18

landes verliehen, in dem der Verband seinen Sitz hat.[409] Als Prüfungsverband untersteht der Genossenschaftsverband dann der Aufsicht dieser Behörde.[410] Die Verleihung des Prüfungsrechtes bedeutet für den Genossenschaftsverband nicht die Beleihung mit öffentlich-rechtlicher Kompetenz. Es handelt sich lediglich um die behördliche Zulassung zur Ausübung einer privatwirtschaftlichen Tätigkeit mittels eines begünstigenden Verwaltungsaktes.[411]

III. Der Deutsche Genossenschafts- und Raiffeisenverband e.V. und der Bundesverband der Deutschen Volks- und Raiffeisenbanken e.V.

Auf Bundesebene tritt der Deutsche Genossenschafts- und Raiffeisenverband e.V. (DGRV) als Interessenvertreter der ihm angeschlossenen Genossenschaften auf. Dem Dachverband gehören drei fachlich ausgerichtete Bundesverbände an. Es handelt sich um den Bundesverband der Deutschen Volks- und Raiffeisenbanken e.V. (BVR), der die Kreditgenossenschaften betreut und u.a. die Sicherungseinrichtung[412] und das Streitschlichtungsverfahren[413] der Kreditgenossenschaften unterhält. Des Weiteren handelt es sich um den Deutschen Raiffeisenverband e.V. (DRV), der für die ländlichen Waren- und Dienstleistungsgenossenschaften tätig wird. Die gewerblichen Waren- und Dienstleistungsgenossenschaften schließlich befinden sich in der Obhut des Zentralverbandes gewerblicher Verbundgruppen e.V. (ZGV).[414]

Die Spitzenverbände nehmen sich insbesondere wirtschafts-, rechts- und steuerpolitischer Fragestellungen an[415] und werden in Fachausschüssen und Arbeitskreisen von ihren Mitgliedern unterstützt.[416]

---

409 Siehe § 63 GenG

410 Siehe § 64 GenG

411 Beuthien, Genossenschaftsgesetz, § 63 a GenG Rn.1; Lang/Weidmüller, Genossenschaftsgesetz, § 63 a GenG Rn.6

412 Bauer, Die Genossenschaft, S.30; Martin, Wettbewerbliche Neuorientierung von Kreditgenossenschaften, S..24; Schuler, Sortimentspolitik und Förderungsauftrag in Bankgenossenschaften, S.16

413 BVR, Jahresbericht 2001, 12f.

414 Bauer, Die Genossenschaft, S.144ff.; Baumann/Falkenstein, Die Volksbanken und Raiffeisenbanken, S.103f.; DGRV, Geschäftsbericht 2002, S.7

415 DGRV, Geschäftsbericht 2002, S.7

416 DGRV, Zahlen und Fakten 2003, S.19

IV. Die Verbundunternehmen

Der Verbund der Genossenschaftsorganisation wird vervollständigt durch Verbundunternehmen mit speziellen Aufgaben. Zu verweisen ist beispielhaft auf die Bausparkasse Schwäbisch Hall, die R+V Versicherung, die Union-Investment-Gruppe, die Deutschen Genossenschafts-Hypothekenbank, den DG-Verlag und die einzelnen Rechenzentren.[417] Spätestens die Verbundunternehmen stellen sicher, dass die Kreditgenossenschaften wettbewerbsfähig sind, indem sie die gesamte Finanzdienstleistungspalette anbieten können.[418]

C. Stellung im Wettbewerb der Kreditwirtschaft

Die Kreditgenossenschaften der Genossenschaftsorganisation stehen als Universalbanken im Gruppenwettbewerb mit der Sparkassenorganisation und den übrigen privaten Kreditbanken.[419]

Zum 31.12.2002 waren es 1.489 Volks- und Raiffeisenbanken mit rd. 15 Millionen Mitgliedern. Ein dichtes Bankstellennetz – 15.866 Bankstellen zu diesem Zeitpunkt – ermöglicht den Kreditgenossenschaften eine große Kundennähe. Kredite in Höhe von ca. 340 Milliarden Euro wurden gewährt und Einlagen in Höhe von ca. 397 Milliarden Euro verwaltet, davon ca. 176 Milliarden Euro an Spareinlagen.[420] Einschließlich der Zentralbanken meldeten die Kreditgenossenschaften der Deutschen Bundesbank für Dezember 2002 ein Geschäftsvolumen von rd. 758,2 Milliarden Euro.[421] Das entspricht einem Marktanteil von 12,1%.[422] Ihr Markenzeichen, eine Verschmelzung des geflügelten „V" der Volksbanken und des Giebelkreuzes der Raiffeisenbanken, ist Ausdruck ihres einheitlichen Auftretens.[423]

---

417 Bauer, Die Genossenschaft, S.26f.; Glaser, Kreditgenossenschaften mit Warenverkehr, S.46; Hanel, Prozessuale Beratung im kreditgenossenschaftl. Finanzverbund, S.34; Winter, Genossenschaftswesen, S.181

418 Bauer, Die Genossenschaften, S.27; Gerstenmaier, Zukunftsperspektiven der Kreditgenossenschaften, S.7; Ohlmeyer/ Gördel, Das Kreditgeschäft der Kreditgenossenschaften, S.2

419 Bauer, Die Genossenschaft, S.27; Glatzner, Organisationsformspezifische Mitgliederbindung, S.58; Martin, Wettbewerbliche Neuorientierung von Kreditgenossenschaften, S.26; Selbach, Die Kreditgenossenschaften im Wettbewerb der Bankengruppen, S.1

420 BVR, Jahresbericht 2002, S.52ff.

421 Deutsche Bundesbank, Bankenstatistik August 2003, S.12

422 Deutscher Sparkassen- und Giroverband, Jahresbericht 2002 - Märkte, S.16

423 BVR, Jahresbericht 2001, S.9f.

D. Recht der Kreditgenossenschaften

Das Recht der Kreditgenossenschaften wird vornehmlich bestimmt durch ihre kreditwirtschaftliche Betätigung. So gilt für sie wie für andere Kreditinstitute grundsätzlich das öffentliche und private Bankrecht. Darüber hinaus finden sich aber auch Regelungen, in denen sich das Recht der Kreditgenossenschaften vom Recht der übrigen Teilnehmer des kreditwirtschaftlichen Wettbewerbs unterscheidet.

So ist bereits auf der Ebene des Verfassungsrechts in diesem Sinne eine Abgrenzung zum Sparkassenrecht möglich, da Art.19 Abs.3 GG besagt, dass die Grundrechte auch für inländische juristische Personen gelten. Auf Grund dieser Regelung können die Kreditgenossenschaften als juristische Personen des privaten Rechts[424] im Unterschied zu den kommunalen Sparkassen[425] Grundrechtsschutz beanspruchen. Das betreffende Grundrecht muss seinem Wesen nach nur auf die Kreditgenossenschaften anwendbar sein. Eine Gefährdungslage muss vorliegen, die einer Gefährdungslage natürlicher Personen entspricht.[426]

Das Bundesrecht wiederum enthält Regelungen, die nicht nur im Verhältnis zum Sparkassenrecht, sondern auch im Verhältnis zum Recht der übrigen privaten Kreditinstitute für Kreditgenossenschaften spezifisch sind. Zu verweisen ist dabei selbstredend auf das Genossenschaftsgesetz und insbesondere auf einzelne Bestimmungen des Kreditwesengesetzes.

I. Kreditwesengesetz

1. Bezeichnungsschutz gem. § 39 KWG

Wie auch die kommunalen Sparkassen erfahren die Kreditgenossenschaften im Kreditwesengesetz einen Bezeichnungsschutz. Die Bezeichnung „Volksbank" dürfen gem. § 39 Abs.2 KWG nur die Kreditinstitute neu aufnehmen, die in der Rechtsform einer eingetragenen Genossenschaft betrieben werden und einem Prüfungsverband angehören. Die Bezeichnung war für Kreditgenossenschaften derart kennzeichnend geworden, dass ihre Führung um der Ordnung im Kreditwesen willen anderen Unternehmen als Kreditgenossenschaften verboten wurde.[427]

---

424 Siehe § 17 GenG
425 Siehe Dritter Teil A.II., S.72
426 Siehe Jarass/Pieroth, Grundgesetz, Art.19 GG Rn.13ff.
427 Szagunn, Gesetz über das Kreditwesen, § 39 KWG Rn.13

2. *Haftsummenzuschlag gem. § 10 KWG*

Das Kreditwesengesetz kennzeichnet des Weiteren die Kreditgenossenschaften im Verhältnis zu den anderen Kreditinstituten durch den sogenannten Haftsummenzuschlag.[428] Der Haftsummenzuschlag gem. § 10 Abs.2b Nr.8 KWG führt zu einer Erhöhung des haftenden Eigenkapitals der Kreditgenossenschaften.[429] Da das haftende Eigenkapital das Kreditgeschäft der Kreditinstitute begrenzt, können infolgedessen die Kreditgenossenschaften den Umfang ihres Kreditgeschäftes erweitern, obwohl ihr haftendes Eigenkapital im übrigen dazu an sich nicht im angemessenen Verhältnis steht.[430]

Der Haftsummenzuschlag findet Anwendung, wenn die Satzung einer Kreditgenossenschaft den Mitgliedern eine Nachschusspflicht auferlegt.[431] Die zusätzliche Haftung der Mitglieder wird auf das haftende Eigenkapital angerechnet.[432] Der Zuschlag berechnet sich aus der Summe des Gesamtbetrages der Haftsummen aller Mitglieder.[433] Eine Verordnung legt fest, in welcher Höhe der Gesamtbetrag zur Anrechnung kommt.[434]

Durch diese Regelung wird das genossenschaftliche Prinzip der Selbstverantwortung berücksichtigt.[435] Das Prinzip der Selbstverantwortung bedeutet im Genossenschaftswesen nicht nur, dass die Mitglieder einer Genossenschaft das Kapital für den gemeinschaftlichen Geschäftsbetrieb selbst aufbringen müssen, sie müssen auch für die Verbindlichkeiten der Genossenschaften einstehen[436]. Im

---

428 Hanel, Prozessuale Beratung im kreditgenossenschaftl. Finanzverbund, S.22; Paaßen, Die finanzielle Beteiligung an einer Kreditgenossenschaft, S.44; Tochtermann, Der Haftsummenzuschlag der Kreditgenossenschaften, S.29

429 Lang/Weidmüller, Genossenschaftsgesetz, § 2 GenG Rn.13

430 Bauer, Die Genossenschaft, S.70; Klose, Zusatzgrundkapital für eingetragene Genossenschaften, S.50; Tomalla, Notwendigkeit und Maßnahmen der Eigenkapitalbildung, S.20f.; Winter, Genossenschaftswesen, S.66

431 Lang/Weidmüller, Genossenschaftsgesetz, § 2 GenG Rn.13; Paaßen, Die finanzielle Beteiligung an einer Kreditgenossenschaft, S.44

432 Bauer, Die Genossenschaft, S.70; Paaßen, Die finanzielle Beteiligung an einer Kreditgenossenschaft, S.44; Tochtermann, Der Haftsummenzuschlag der Kreditgenossenschaften, S.19; Tomalla, Notwendigkeit und Maßnahmen der Eigenkapitalbildung, S.20

433 Paaßen, Die finanzielle Beteiligung an einer Kreditgenossenschaft, S.45; Tomalla, Notwendigkeit und Maßnahmen der Eigenkapitalbildung, S.20

434 Siehe §10 Abs.2b Nr.8 KWG; Paaßen, Die finanzielle Beteiligung an einer Kreditgenossenschaft, S.45

435 Tomalla, Notwendigkeit und Maßnahmen der Eigenkapitalbildung, S.19; Viehoff, Wirtschaftlicher Mittelstand und genossenschaftliche Bankpolitik, S.53

436 Bauer, Die Genossenschaft, S.36; Beuthien, Genossenschaftsrecht: woher – wohin?, S.18; Reul, Das Konzernrecht der Genossenschaften, S.39

Außenverhältnis wird dadurch die Kreditwürdigkeit der Genossenschaft begründet und im Innenverhältnis das Engagement der Mitglieder geweckt.[437] Zu unterscheiden sind die Genossenschaften mit unbeschränkter Haftung, die mit einer begrenzten Nachschusspflicht und die, bei denen die Haftung sich auf die gezeichneten Geschäftsanteile und die hierauf geschuldeten Einzahlungen reduziert.[438]

Bei Kreditgenossenschaften sehen die Satzungen regelmäßig eine begrenzte Nachschusspflicht vor, nämlich beschränkt auf eine bestimmte Haftsumme.[439] Auf diese Weise wird einerseits von den Kreditgenossenschaften die Möglichkeit des Haftsummenzuschlages in Anspruch genommen, andererseits für die Mitglieder gleichzeitig das Risiko einer Inanspruchnahme minimiert.

II. Genossenschaftsgesetz

Der Haftsummenzuschlag und der Bezeichnungsschutz des Kreditwesengesetzes für Kreditgenossenschaften knüpfen an deren spezielle Organisationsform an, nämlich die Rechtsform der eingetragenen Genossenschaft, die wiederum durch das Genossenschaftsgesetz bestimmt wird.

1. Die historische Entwicklung des Genossenschaftsgesetzes

Weder die Rechtsform der eingetragenen Genossenschaft noch ein Genossenschaftsrecht gab es, als Hermann Schulze-Delitzsch und Friedrich Wilhelm Raiffeisen den genossenschaftlichen Gedanken in der Mitte des 19. Jahrhunderts aufgriffen. So wie es auch heute noch denkbar ist, den genossenschaftlichen Gedanken in einer anderen Rechtsform zu verwirklichen, wurde damals auch auf die zur Verfügung stehenden rechtlichen Möglichkeiten zurückgegriffen. Die ersten genossenschaftlichen Selbsthilfeorganisationen wurden vornehmlich als Vereine, sogenannte erlaubte Privatgesellschaften, gegründet. In diesem Rahmen unterwarfen sich die Mitglieder freiwillig den genossenschaftlichen Prinzipien und Regelungen, die ihnen die Gründungsinitiatoren vorgaben. Der Rechtsform der Genossenschaft wurde auf diese Weise vorgegriffen. Gleichwohl war es den Vereinen nach wie vor nicht möglich, als eigene Rechtspersönlichkeiten im Außen-

---

437 Beuthien, Genossenschaftsrecht: woher – wohin?, S.18f.

438 Siehe § 6 Nr.3 GenG; Steding, Die Produktivgenossenschaften im deutschen Genossenschaftsrecht, S.36; Winter, Genossenschaftswesen, S.65f.

439 Bauer, Die Genossenschaft, S.70; Paaßen, Die finanzielle Beteiligung an einer Kreditgenossenschaft, S.44; Tomalla, Notwendigkeit und Maßnahmen der Eigenkapitalbildung, S.19

verhältnis aufzutreten. Es bedurfte stets der Vollmacht aller Mitglieder. Um den damit verbundenen Schwierigkeiten zu begegnen, entstand das Anliegen, eine Rechtsform mit eigener Persönlichkeit zu schaffen, die den Eigenarten des genossenschaftlichen Gedankens entsprach. Insbesondere Hermann Schulze-Delitzsch nahm in diesem Sinne Einfluss auf den Gesetzgeber und den Gang der Gesetzgebung.[440]

Am 27. März 1867 war das Ziel mit Erlass des preußischen Gesetzes „betreffend die privatrechtliche Stellung der Erwerbs- und Wirtschaftsgenossenschaften“ erreicht. Das Gesetz wurde 1868 in modifizierter Form vom Norddeutschen Bund übernommen und in den Jahren 1871/1873 in allen deutschen Ländern eingeführt. Reichsgesetz wurde es schließlich am 1. Mai 1889. Die Rechtsform der eingetragenen Genossenschaft stand damit in ganz Deutschland zur Verfügung, und das deutsche Genossenschaftswesen war mit dem Genossenschaftsgesetz vereinheitlicht. Seine Entwicklung war in erster Linie nicht länger von den ursprünglichen Initiatoren, sondern vom Gesetzgeber abhängig, der in den folgenden rund 110 Jahren aber nur in Teilbereichen Änderungen vornahm[441].

Zunächst nahm ein Reichsgesetz im Jahre 1889 Einfluss auf den genossenschaftlichen Gedanken. Es wurde u.a. die ursprünglich unbeschränkte Solidarhaftung der Mitglieder einer eingetragenen Genossenschaft nicht weiter vorgeschrieben und konnte eine beschränkte Haftung vereinbart werden. Zudem war Kreditgenossenschaften seitdem die Gewährung von Krediten und Konsumgenossenschaften die Abgabe von Waren an Nichtmitglieder verboten. Des Weiteren wurde den Genossenschaften die bislang freiwillige Prüfung als gesetzliche Pflichtprüfung auferlegt.[442]

Zu weiteren Novellierungen des Genossenschaftsgesetzes kam es in den Jahren 1898, 1922, 1933 und 1934. Im Jahre 1934 wurde den Genossenschaftsverbänden das ausschließliche Prüfungsrecht anvertraut und bestimmt, dass die eingetragenen Genossenschaften Mitglied eines Genossenschaftsverbandes werden mussten. Des weiteren wurde u.a. noch einmal die Solidarhaftung der Genossen eingeschränkt, indem diese von Gläubigern der eingetragenen Genossenschaft nicht mehr direkt in Anspruch genommen werden konnten. Die Genossen waren

---

440 Bialek, Perspektiven der Genossenschaft als Organisationsform, S.101f.; Lang/Weidmüller, Genossenschaftsgesetz, S.XXXV; Oellerking/Holzgrabe, Sparkassen und Genossenschaftsbanken, S.88; Turner, Die eingetragenen Genossenschaft, S.12f.; Winter,Genossenschaftswesen, S.79ff.

441 Bauer, Die Genossenschaft, S.19; Turner, Die eingetragene Genossenschaft, S.13

442 Lang/Weidmüller, Genossenschaftsgesetz, S.XXXV; Oellerking/Holzgrabe, Sparkassen und Genossenschaftsbanken, S.89

nur noch gegenüber der Genossenschaft zur Zahlung ihrer Nachschüsse verpflichtet.[443]

Nach dem Zweiten Weltkrieg setzte sich die Ausgestaltung des genossenschaftlichen Gedankens durch den Gesetzgeber fort.[444] Nicht nur wurde es u.a. 1954 den Konsumgenossenschaften wieder gestattet, Waren auch an Nichtmitglieder abzugeben, seit 1974 können Kreditgenossenschaften auch wieder Kredite an Nichtmitglieder gewähren.[445] Die Verbote aus dem Jahre 1889 wurden abgeschafft. Darüber hinaus entfiel die Solidarhaftung als genossenschaftliches Wesensmerkmal, seit es 1974 möglich wurde, eine Nachschusspflicht der Genossen gänzlich auszuschließen[446]. Die jüngste nennenswerte Novellierung im Jahre 1994 berücksichtigte die Rechtsform der eingetragenen Genossenschaft mit anderen Rechtsformen im neu geschaffenen Umwandlungsgesetz.[447] Damit wurde eine Entwicklung hin zum Wettbewerb zwischen den Rechtsformen nachvollzogen, in dem sich die Rechtsform der eingetragenen Genossenschaft nur bei einer zeitgemäßen rechtlichen Ausgestaltung des genossenschaftliche Gedankens behaupten kann.[448]

2. *Wesensmerkmale der eingetragenen Genossenschaft*

Das Genossenschaftsgesetz zeichnet die Rechtsform der eingetragenen Genossenschaft mit Wesensmerkmalen aus, die sie von anderen Rechtsformen unterscheiden und auch die Kreditgenossenschaften von Kreditinstituten anderer Organisationsform abgrenzen. In ihnen finden sich die hergebrachten genossenschaftlichen Prinzipien der Selbsthilfe, Selbstverwaltung und Selbstverantwortung wieder.[449]

---

443 Lang/Weidmüller, Genossenschaftsgesetz, S.XXXVIf.

444 Lang/Weidmüller, Genossenschaftsgesetz, S.XXXVf.

445 Beuthien, Genossenschaftsgesetz, S.XXVIIIf.; Lang/Weidmüller, Genossenschaftsgesetz, S.XXXVf.; Winter, Genossenschaftswesen, S.85

446 Beuthien, Genossenschaftsgesetz, S.XXIX; Oellerking/Holzgrabe, Sparkassen und Genossenschaftsbanken, S.89

447 Beuthien, Genossenschaftsgesetz, S.XXXII; Lang/Weidmüller, Genossenschaftsgesetz, S.XXXIXf.

448 Beuthien, Genossenschaftsgesetz, S.XXXIIff.; Hanel, Prozessuale Beratung im kreditgenossenschaftl. Finanzverbund, S.32; Lang/Weidmüller, Genossenschaftsgesetz, S.XL

449 Siehe Vierter Teil A., S.89

a. Der gesetzliche Förderauftrag

So gibt die Rechtsform der eingetragenen Genossenschaft den Kreditgenossenschaften als Unternehmenszweck die kollektive Selbsthilfe vor.[450] Mittels gemeinschaftlichen Geschäftsbetriebes haben die Kreditgenossenschaften den Erwerb oder die Wirtschaft ihrer Mitglieder zu fördern.[451] Damit ist nicht nur eine gewerbliche, freiberufliche oder landwirtschaftliche Tätigkeit, sondern auch der private Lebensbereich der Mitglieder gemeint.[452] Die Mitglieder sollen durch die Förderung in ihrer eigenen Selbständigkeit unterstützt werden.[453] Die Absicht einer Kreditgenossenschaft, Gewinne zu erzielen, tritt demgegenüber zurück.[454] Ein gleichwohl erwirtschafteter Gewinn muss der Erfüllung des gesetzlichen Förderauftrages dienen.[455] Dies gilt auch für die Ausdehnung der Geschäftstätigkeit auf Nichtmitglieder[456].

Die Mitglieder einer Kreditgenossenschaft nehmen infolge des gesetzlichen Förderauftrages eine Doppelrolle ein.[457] Sie sind einerseits Träger der eingetragenen Genossenschaft. Andererseits erfahren sie durch ihre Geschäftsbeziehung zur Genossenschaft eine Förderung.[458] Aus der Perspektive der Kreditgenossenschaft handelt es sich um das genossenschaftliche Identitätsprinzip.[459]

Ob Kreditgenossenschaften derzeit ihrem gesetzlichen Förderauftrag tatsächlich nachkommen, ist insbesondere in Anbetracht ihres umfangreichen Nichtmit-

---

450 Turner, Die eingetragene Genossenschaft, S.16

451 Siehe § 1 Abs.1 GenG

452 Lang/Weidmüller, Genossenschaftsgesetz, § 1 GenG Rn.34; Reul, Das Konzernrecht der Genossenschaften, S.46

453 Bauer, Die Genossenschaft, S.22; Steding, Die Produktivgenossenschaften im deutschen Genossenschaftsrecht, S.27

454 Martin, Wettbewerbliche Neuorientierung von Kreditgenossenschaften, S.8; Schröder, Der moderne Förderauftrag im Gründungsgeschäft, S.122; Steding, Die Produktivgenossenschaften im deutschen Genossenschaftsrecht, S.26

455 Bauer, Die Genossenschaft, S.23; Lang/Weidmüller, Genossenschaftsgesetz, § 1 GenG Rn.37

456 Beuthien, Genossenschaftsrecht: woher – wohin?, S.19f.; Hanel, Prozessuale Beratung im kreditgenossenschaftl. Finanzverbund, S.14

457 Baumann/Falkenstein, Die Volksbanken und Raiffeisenbanken, S.29

458 Bauer, Die Genossenschaft, S.23; Hanel, Prozessuale Beratung im kreditgenossenschaftl. Finanzverbund, S.18; Heinrich, Die Fördergeschäftsbeziehung, S.1; Lang/Weidmüller, Genossenschaftsgesetz, §1 GenG Rn.40

459 Beuthien, Genossenschaftsrecht: woher – wohin?, S.19; Heckt, Fusion von Primärgenossenschaften, S.7; Lang/Weidmüller, Genossenschaftsgesetz, § 1 GenG Rn.9; Rauter, Die Prinzipien des Genossenschaftswesens in der Gegenwart, S.173; Reul, Das Konzernrecht der Genossenschaften, S.37

gliedergeschäftes nicht ohne weiteres festzustellen.[460] Zumindest aber könnte der durch sie bedingte Wettbewerb unter den Kreditinstituten vor Ort den Mitgliedern zum Vorteil gereichen.[461]

b. Das Demokratieprinzip

Als weiteres Wesensmerkmal der Kreditgenossenschaften ergibt sich aus dem Genossenschaftsgesetz das Demokratieprinzip.[462] Im wahrsten Sinne des Wortes „herrschen" die Mitglieder über ihre Angelegenheiten,[463] indem sie nicht nur Träger der Gewalt und der Verantwortung sind,[464] sondern auch Träger der Funktionen.[465]

In diesem Sinne werden Entscheidungen von den Mitgliedern durch Mehrheitswillen bestimmt.[466] Es gilt das Prinzip: Ein Genosse – eine Stimme.[467] Das Stimmrecht soll grundsätzlich persönlich ausgeübt werden.[468] Nur in engen Grenzen sind Stimmrechtsvollmachten und Mehrstimmrechte zulässig.[469] Die Person und nicht die Kapitalbeteiligung stehen im Vordergrund.[470]

---

460 Bauer, Die Genossenschaft, S.24; Glatzner, Organisationsformspezifische Mitgliederbindung, S.93; Lüke, Chancen für Genossenschaften im Zuge der Privatisierung, S.309; Martin, Wettbewerbliche Neuorientierung von Kreditgenossenschaften, S.8f.; Oellerking/Holzgrabe, Sparkassen und Genossenschaftsbanken, S.123ff.; Schröder, Der moderne Förderauftrag im Gründungsgeschäft, S.127

461 a.A. Martin, Wettbewerbliche Neuorientierung von Kreditgenossenschaften, S.8

462 Beuthien, Genossenschaftsrecht: woher – wohin?, S.19; Schröder, Der moderne Förderauftrag im Gründergeschäft, S.122; Winter, Genossenschaftswesen, S.56

463 Hanel, Prozessuale Beratung im kreditgenossenschaftl. Finanzverbund, S.20; Glatzner, Organisationsformspezifische Mitgliederbindung, S.110

464 Bauer, Die Genossenschaft, S.36; Beuthin, Genossenschaftsrecht: woher – wohin?, S.29f.; Reul, Das Konzernrecht der Genossenschaften, S.39

465 Hanel, Prozessuale Beratung im kreditgenossenschaftl. Finanzverbund, S.15f.

466 Baumann/Falkenstein, Die Volksbanken und Raiffeisenbanken, S.32; Glenk, Die eingetragene Genossenschaft, S.8; Reul, Das Konzernrecht der Genossenschaften, S.39; Winter, Genossenschaftswesen, S.56

467 Beuthien, Genossenschaftsrecht: woher – wohin?, S.19; Reul, Das Konzernrecht der Genossenschaften, S.40; Tsibanoulis, Die genossenschaftliche Gründungsprüfung, S.159; Viehoff, Wirtschaftlicher Mittelstand und genossenschaftliche Bankpolitik, S.54

468 Siehe § 43 Abs.4 GenG

469 Siehe § 43 Abs.3 u. Abs.5 GenG

470 Glenk, Die eingetragene Genossenschaft, S.9; Lang/Weidmüller, Genossenschaftsgesetz, § 1 GenG Rn.12; Reul, Das Konzernrecht der Genossenschaften, S.39; Steding, Die Produktivgenossenschaften im deutschen Genossenschaftsrecht, S.28

Umgesetzt werden die Entscheidungen im gewaltenteiligen Zusammenwirken der genossenschaftlichen Organe[471], die im Sinne des Selbstverwaltungsprinzips durch Mitglieder der eingetragenen Genossenschaft besetzt sind.[472] Die Selbstorganschaft soll sicherstellen, dass der Förderauftrag der eingetragenen Genossenschaft jederzeit im Mittelpunkt der Geschäftstätigkeit steht.[473]

Leitungsorgan der eingetragenen Genossenschaft ist der Vorstand,[474] dem eigenverantwortlich die Geschäftsführung[475] sowie die gerichtliche und außergerichtliche Vertretung der eingetragenen Genossenschaft obliegen.[476] Der Vorstand wird vom Aufsichtsrat überwacht,[477] dessen Mitglieder nicht zugleich Mitglieder des Vorstandes sein dürfen.[478] Legislatives Organ ist die Mitgliederversammlung (Generalversammlung/ ggf. Stellvertreterversammlung),[479] die jederzeit und ohne Begründung die Mitglieder des Vorstands und des Aufsichtsrates austauschen kann[480] und darüber hinaus insbesondere über die Satzung der eingetragenen Genossenschaft und den Jahresabschluss nebst Verteilung von Gewinn und Verlust befindet.[481]

c. *Die kollektive Selbstprüfung*

Schließlich ist dem Genossenschaftsgesetz als Wesensmerkmal der Rechtsform der eingetragenen Genossenschaft und damit auch der Kreditgenossenschaften die kollektive Selbstprüfung zu entnehmen.

Die Kreditgenossenschaften werden durch Genossenschaftsverbände geprüft, denen das Prüfungsrecht verliehen wurde[482] und die die Rechtsform eines einge-

---

471 Bauer, Die Genossenschaft, S.36; Lang/Weidmüller, Genossenschaftsgesetz, § 1 GenG Rn.13; Reul, Das Konzernrecht der Genossenschaften, S.39

472 Bauer, Die Genossenschaft, S.35; Viehoff, Wirtschaftlicher Mittelstand und genossenschaftliche Bankpolitik, S.54

473 Beuthien, Genossenschaftsrecht: woher – wohin?, S.18; Glatzner, Organisationsformspezifische Mitgliederbindung, S.110

474 Bauer, Die Genossenschaft, S.77; Bereska, Minderheitenschutz durch Klage in Genossenschaften, S.34

475 Siehe § 34 Abs.1 GenG

476 Siehe § 24 Abs.1 GenG

477 Siehe § 38 Abs.1 GenG

478 Siehe § 37 Abs.1 GenG

479 Bauer, Die Genossenschaft, S.77; Hanel, Prozessuale Beratung im kreditgenossenschaftl. Finanzverbund, S.15

480 Beuthien, Genossenschaftsrecht: woher – wohin?, S.21; Höhn, Wofür haftet der Aufsichtsrat einer Genossenschaft persönlich?, S.32

481 Siehe § 16 Abs.1, § 24 Abs.1, § 36 Abs.1, § 48 Abs.1 GenG; Hanel, Prozessuale Beratung im kreditgenossenschaftl. Finanzverbund, S.15

482 Siehe Vierter Teil B.,II., S.93f.

tragenen Vereins haben sollen.[483] Mitglieder der Vereine sind zumindest die zu einer Mitgliedschaft in einem Prüfungsverband verpflichteten eingetragenen Genossenschaften.[484] Vorrangiger Zweck ihres Zusammenschlusses in den Vereinen ist die eigene Prüfung.[485]

Die kollektive Selbstprüfung soll im Interesse der Mitglieder, der Gläubiger und der Allgemeinheit die Existenz der Genossenschaft sichern.[486] Die Prüfung wird vom Prüfungsverband gewissenhaft und unparteiisch durchgeführt.[487] Der Prüfungsverband bedient sich dabei angestellter Wirtschaftsprüfer und Verbandsprüfer.[488] Es erfolgt nicht nur eine Prüfung der wirtschaftlichen Verhältnisse, sondern auch der Geschäftsführung der Genossenschaft.[489] Eine Prüfungsverfolgung durch den Prüfungsverband stellt sicher, dass festgestellte Mängel auch tatsächlich beseitigt werden.[490] Dem genossenschaftlichen Prüfungsverband ist es zudem infolge der kollektiven Selbstprüfung möglich, die geprüften Genossenschaften zu vergleichen und Entwicklungen zu erkennen, auf die ohne dauerhafte Bindung der Genossenschaften an den Prüfungsverband nicht reagiert werden könnte.[491]

Die Intensität der Prüfung begründet sich mit der Selbstorganschaft der eingetragenen Genossenschaften.[492] Infolge der Selbstorganschaft werden Mitglieder in den Organen tätig, die über unterschiedliche Qualifikationen verfügen.[493] Im Fall der Kreditgenossenschaften stellen die Anforderungen des Kreditwesengesetzes zwar sicher, dass die Vorstände für ihre Tätigkeit über die notwendigen Kenntnisse verfügen.[494] Bereits an das Ehrenamt des Aufsichtsrates sind derartige Bedingungen aber nicht mehr geknüpft.

483 Siehe § 63 b Abs.1 GenG
484 Siehe § 54 GenG
485 Siehe § 63 b Abs.4 GenG
486 BVerfG, WM 2001, 360 (362); Lang/Weidmüller, Genossenschaftsgesetz, § 53 GenG Rn.23
487 Siehe § 62 Abs.1 GenG
488 Siehe § 55 Abs.1 GenG
489 Siehe § 53 Abs.1 GenG
490 Bauer, Die Genossenschaft, S.141; Baumann/Falkenstein, Die Volksbanken und Raiffeisenbanken, S.107; Bereska, Minderheitenschutz durch Klage in Genossenschaften, S.25
491 BVerfG, WM 2001, 363
492 Bauer, Die Genossenschaft, S.138
493 BVerfG, WM 2001, 363; Bauer, Die Genossenschaft, S.138
494 Siehe §33 Abs.2 KWG; BVerfG, WM 2001, 363

E. Wahrung sparkassenspezifischer Kennzeichen durch Kreditgenossenschaften

Wird die eingetragene Genossenschaft nun als private Organisationsform für kommunale Sparkassen in Betracht gezogen, stellt sich zugleich die Frage, ob auch sparkassenspezifische Kennzeichen mit dieser Rechtsform vereinbar sind.[495] Von vielen privaten Sparkassen wurde in der Vergangenheit gerade unter Verweis darauf die Rechtsform der eingetragenen Genossenschaft gewählt.[496] Die Parallelen beziehen sich aber auch auf kommunale Sparkassen.[497]

I. Öffentlicher Auftrag

So findet sich der öffentliche Auftrag der kommunalen Sparkassen im gesetzlichen Förderauftrag der Kreditgenossenschaften wieder. Auch Kreditgenossenschaften fördern ihre Mitglieder, indem sie auf der Grundlage der Markt- und Wettbewerbsverhältnisse in ihrem Geschäftsgebiet den Wettbewerb stärken und für ihre Mitglieder eine angemessene und ausreichende Versorgung mit geld- und kreditwirtschaftlichen Leistungen sicherstellen. Lediglich der Kreis der Begünstigten ist damit bei Kreditgenossenschaften ein anderer als bei kommunalen Sparkassen. Bei kommunalen Sparkassen erstreckt sich dieser auf die gesamte Bevölkerung einer Kommune,[498] bei Kreditgenossenschaften nur auf die Genossen.

Ohne weiteres wäre es Kreditgenossenschaften möglich, ihren Begünstigtenkreis zu erweitern und die Aufgabenstellung des öffentlichen Auftrages der kommunalen Sparkassen als Unternehmenszweck zu integrieren.[499] Die Rechtsform der Genossenschaft gestattet nicht nur das Nichtmitgliedergeschäft.[500] Sie

---

495 Claussen ist bereits dieser Frage unter Berücksichtigung der Aktiengesellschaft als Organisationsform nachgegangen, Festschrift für Steindorff, S.323ff.

496 Kluge, Geschichte der deutschen Bankgenossenschaften, S.43

497 Wettbewerbsenquete der Bundesregierung von 1968, BT-Drs. V/3500, S.20,35; Hanel, Prozessuale Beratung im kreditgenossenschaftl. Finanzverbund, S.35f.; Martin, Wettbewerbliche Neuorientierung der Kreditgenossenschaften, S.25; Schuler, Sortimentspolitik und Förderungsauftrag, S.16ff.; Wiedemann, Verbundstrategie für Kreditgenossenschaften, S.20

498 Siehe Erster Teil D.II.1.b., S.32f.

499 Klein, Das Sparkassenwesen in Deutschland und Frankreich, S.406f.; a.A. ohne Begründung: Blume, Sparkassen im Spannungsfeld, S.166

500 Siehe § 8 Abs.1 Nr.5 GenG

lässt es auch zu, neben dem gesetzlich vorgegebenen Förderauftrag weitere ideelle Zwecke als Nebenzwecke zu verfolgen.[501]

Mit einer Aufnahme der Aufgabenstellung des öffentlichen Auftrages der kommunalen Sparkassen als Nebenzweck wäre das Nichtmitgliedergeschäft der Kreditgenossenschaften nicht mehr nur als Unternehmensgegenstand Mittel zum Zweck,[502] sondern darüber hinaus selbst Unternehmenszweck. Zwar wäre das Nichtmitgliedergeschäft als Nebenzweck damit nach wie vor der Mitgliederförderung untergeordnet,[503] gegenüber der Einordnung als Unternehmensgegenstand jedoch weitergehend legitimiert.

II. Anstaltslast und Gewährträgerhaftung

Entfallen Anstaltslast und Gewährträgerhaftung als sparkassenspezifische Kennzeichen, ist künftig zwischen den kommunalen Sparkassen und den Kreditgenossenschaften auch der Gläubigerschutz vergleichbar.

Sollten bislang Anstaltslast und Gewährträgerhaftung dazu beitragen wirtschaftliche Schieflagen kommunaler Sparkassen aufzufangen und ausstehende Forderungen ihrer Gläubiger abzusichern,[504] so schützen künftig nur noch die Sicherungseinrichtung der Sparkassenorganisation und das haftende Eigenkapital der kommunalen Sparkassen die Einlagen der Gläubiger. Die Sicherungseinrich-

---

501 Bauer, Die Genossenschaft, S.22; Beuthien, Genossenschaftsgesetz, § 1 GenG Rn.10; Hettrich/Pöhlmann, Genossenschaftsgesetz, § 1 GenG Rn.10; Lang/Weidmüller, Genossenschaftsgesetz, § 1 GenG Rn.51; Selbach, Die Kreditgenossenschaften im Wettbewerb der Bankengruppen, S.113

502 Beuthien, Genossenschaftsgesetz, § 8 GenG Rn.9; ders. , Genossenschaftsrecht: woher – wohin?, S.20; Hettrich/Pöhlmann, Genossenschaftsgesetz, § 8 GenG Rn.6; Lang/Weidmüller, Genossenschaftsgesetz, § 8 GenG Rn. 14

503 So wie es bei den kommunalen Sparkassen derzeit ein Spannungsfeld zwischen öffentlichem Auftrag und kaufmännischen Grundsätzen gibt, kann auch ein Spannungsfeld zwischen Förderauftrag und kaufmännischen Grundsätzen bei den Kreditgenossenschaften festgestellt werden. Dieses Spannungsfeld würde sich bei den Kreditgenossenschaften um die Aufgabenstellung des öffentlichen Auftrages der kommunalen Sparkassen erweitern, wenn diese als weiterer Unternehmenszweck berücksichtigt wird.

504 Geiger, Die deutsche Sparkassenorganisation, S.27f.; Claussen, Teilprivatisierung kommunaler Sparkassen?, S.33f.; Thode, Sparkasse 1994, 134f.; Gesellschaft für öffentliche Wirtschaft, Sparkassen und Landesbanken in der Wettbewerbs- und Privatisierungsdiskussion, S.8f.

tung garantiert den Bestand der Kreditinstitute.[505] Das Eigenkapital, das sich vorrangig aus Gewinnrücklagen der kommunalen Sparkassen zusammensetzt[506], haftet den Gläubigern unmittelbar.[507]

Genauso verhält es sich mit den Kreditgenossenschaften. Auch die Sicherungseinrichtung des Bundesverbandes der deutschen Volks- und Raiffeisenbanken e.V. dient der Institutsicherung.[508] Darüber hinaus haftet das Eigenkapital der Kreditgenossenschaften unmittelbar den Gläubigern, das ebenfalls überwiegend selbstfinanziert ist. Im Verhältnis zur Selbstfinanzierung machen Geschäftsguthaben und Nachschusspflichten der Mitglieder nur eine geringen Anteil am Eigenkapital aus.[509]

III. Gemeinnützigkeit

Das sparkassenspezifische Kennzeichen der Gemeinnützigkeit ist der Rechtsform der eingetragenen Genossenschaft zumindest tendenziell ebenso zu eigen.

Eine Gemeinwohlorientierung zu Gunsten der Genossenschaftsmitglieder ergibt sich insbesondere aus dem gesetzlichen Förderauftrag.[510] Die Gemeinwohlorientierung kommt aber auch dadurch zum Ausdruck, dass ausscheidende Mitglieder nur Anspruch auf ihr ursprünglich eingebrachtes Geschäftsguthaben nebst Gewinnzuschlägen haben.[511] Ein Vermögenszuwachs, den die Genossenschaft während ihrer Mitgliedschaft verzeichnen konnte, verbleibt in der Genossenschaft zur Förderung der verbleibenden bzw. künftigen Mitglieder.[512] Es kommt zwangsweise zu einer Selbstfinanzierung. Eingetragene Genossenschaften als

505 Geiger, Die deutsche Sparkassenorganisation, S.28; Gesellschaft für öffentliche Wirtschaft, Sparkassen und Landesbanken in der Wettbewerbs- und Privatisierungsdiskussion, S.9

506 Hedrich, Die Privatisierung der Sparkassen, S.78; Oellerking/Holzgrabe, Sparkassen und Genossenschaftsbanken, S.53; Gesellschaft für öffentliche Wirtschaft, Sparkassen und Landesbanken in der Wettbewerbs- und Privatisierungsdiskussion, S.9; Zügel, Kreditwesen 1991, 1094

507 Jarass, WM 2002, 941ff.; Purbach, Die Auswirkungen des Binnenmarktes auf die Sparkassen, S.47

508 Bauer, Die Genossenschaft, S.40

509 Glatzner, Organisationsformspezifische Mitgliederbindung, S.109; Klose, Zusatzgrundkapital für eingetragene Genossenschaften, S.43f.; Oellerking/Holzgrabe, Sparkassen und Genossenschaftsbanken, S.144; Tomalla, Notwendigkeiten und Maßnahmen der Eigenkapitalbildung, S.22

510 Hanel, Prozessuale Beratung im kreditgenossenschaftl. Finanzverbund, S.20

511 Siehe § 73 Abs.2 GenG

512 Geist, Die finanzielle Beteiligung der Genossen, S.78; Klose, Zusatzgrundkapital für eigentragene Genossenschaften, S.39

solche sind damit als Selbsthilfeorganisationen bereits grundsätzlich als gemeinnützig zu verstehen. Da ihre Mitgliederzahl nicht geschlossen ist, ist ihr zwangsweise selbstfinanziertes Vermögen von gemeinem Nutzen. Diese Einschätzung wird bestätigt durch weitere Regelungen des Genossenschaftsgesetzes, die eine gemeinnützige Gestaltung der eingetragenen Genossenschaften beinhalten.[513]

Unabhängig davon kann eine eingetragene Genossenschaft aber auch darüber hinaus ausdrücklich gemeinnützig tätig werden. Es ist genossenschaftsrechtlich zulässig, die Gemeinnützigkeit als Nebenzweck vorzusehen.[514] Insofern könnte eine Kreditgenossenschaft die Mitgliederförderung als Hauptzweck und als Nebenzwecke sowohl die Aufgabenstellung des öffentlichen Auftrages der kommunalen Sparkassen als auch deren Gemeinnützigkeit berücksichtigen.[515]

IV. Subsidiaritätsprinzip

Im Sparkassensektor wie auch im Bereich der Kreditgenossenschaften findet das Subsidiaritätsprinzip Anwendung. Entsprechend werden in den jeweiligen Organisationen Verbundunternehmen und Zentralen tätig.[516]

Unabhängig davon hat das Subsidiaritätsprinzip aber für jede einzelne kommunale Sparkasse noch eine andere Bedeutung, wenn es dieser bzw. ihrem Träger verwehrt ist, in dem einschlägigen Bereich der Daseinsvorsorge tätig zu werden, soweit eine kleinere kommunale Gebietskörperschaft Gleiches beansprucht.[517]

Eine entsprechende Einschränkung besteht für Kreditgenossenschaften an sich nicht. Dehnt eine Kreditgenossenschaft ihr Geschäftsgebiet auf das Geschäftsgebiet einer kleineren Kreditgenossenschaft aus, könnte letztere im Ergebnis keine Unterlassung einfordern. Faktisch sind die Geschäftsgebiete der Kreditgenossenschaften aber so aufgeteilt, dass eine Kreditgenossenschaft nicht zugleich auch das Geschäftsgebiet einer kleineren Kreditgenossenschaft umfasst. Das ist die Folge eines freiwilligen Konsenses, dem zwar der Gedanke des Subsidiaritätsprinzips zu Grunde liegt, der aber im Unterschied zum Sparkassensektor nicht zwischen den Kreditgenossenschaften rechtlich verankert ist.

---

513 Siehe § 1 Abs.2 Nr.2 GenG, § 92 GenG

514 Beuthien, Genossenschaftsgesetz, § 1 GenG Rn.7; Hettrich/Pöhlmann, Genossenschaftsgesetz, § 1 GenG Rn.10; Lang/Weidmüller, Genossenschaftsgesetz, § 1 GenG Rn.51; Schultz, Genossenschaftslehre, S.166

515 So auch Klein, Das Sparkassenwesen in Deutschland und Frankreich, S.406f.

516 Hanel, Prozessuale Beratung im kreditgenossenschaftl. Finanzverbund, S.35f.; Wiedemann, Verbundstrategie für Kreditgenossenschaften, S.20

517 Siehe Erster Teil D.II.1.e., S.35

V. Enumerationsprinzip

Weiterhin besteht zum sparkassenspezifischen Enumerationsprinzip im kreditgenossenschaftlichen Sektor eine Parallele. So müssen die Kreditgenossenschaften in ihrem Statut den Gegenstand ihres Unternehmens angeben[518] und damit die Mittel konkretisieren, mit denen der Unternehmenszweck verfolgt werden soll.[519] Dabei genügt eine allgemeine Umschreibung des Unternehmensgegenstandes nicht. Vielmehr müssen die Geschäftsbereiche der Genossenschaft erkennbar und in einer allgemein verständlichen Sprache zum Ausdruck gebracht werden.[520] Auf diese Weise soll aber nicht wie bei den kommunalen Sparkassen[521] das Geschäftsrisiko der Kreditgenossenschaften begrenzt werden. Vielmehr dient das genossenschaftliche Enumerationsprinzip der Transparenz.[522] Es ist damit weniger streng und derart auch bei anderen privaten Organisationsformen wiederzufinden.[523]

Aber selbst wenn für Kreditgenossenschaften nur ein weniger strenges Enumerationsprinzip verbindlich ist, ist es den Mitgliedern einer Kreditgenossenschaft gleichwohl unbenommen, freiwillig das strengere sparkassenspezifische Enumerationsprinzip zu berücksichtigten und dahingehend den Unternehmensgegenstand der Kreditgenossenschaft einzuschränken. Auf diese Weise könnte auch das sparkassenspezifische Enumerationsprinzip durch Kreditgenossenschaften gewahrt werden.

VI. Regionalprinzip

Gleiches gilt für das sparkassenspezifische Regionalprinzip. Ein Regionalprinzip enthält das Genossenschaftsrecht im Gegensatz zum Sparkassenrecht eigentlich nicht.[524] Ein Regionalprinzip ergibt sich im Genossenschaftswesen nur mittelbar,

---

518 Siehe § 6 Nr.2 GenG

519 Beuthien, Genossenschaftsgesetz, § 6 GenG Rn.7; Hettrich/Pöhlmann, Genossenschaftsgesetz, § 6 GenG Rn.5; Lang/Weidmüller, Genossenschaftsgesetz, § 6 GenG Rn.25

520 Beuthien, Genossenschaftsgesetz, § 6 GenG Rn.7; Hettrich/Pöhlmann, Genossenschaftsgesetz, § 6 GenG Rn.5; Lang/Weidmüller, Genossenschaftsgesetz, § 6 GenG Rn.25f.

521 Siehe Erster Teil D.II.1.f., S.36

522 Müller, Genossenschaftsgesetz, § 6 GenG Rn.18

523 Siehe § 23 Abs.3 Nr.2 AktG; § 3 Abs.1 Nr.2 GmbHG

524 Dülfer/Kramer, Schwachstellenanalyse und Frühwarnsysteme, S.58f.; Selbach, Die Kreditgenossenschaften im Wettbewerb, S.108; Wiedemann, Verbundstrategie für Kreditgenossenschaften, S.21

indem die Genossenschaften ihre Kräfte auf die Mitgliederförderung konzentrieren und infolgedessen ihre Geschäftstätigkeit auf ein begrenztes Geschäftsgebiet beschränken.[525]

Dieses genossenschaftliche Regionalprinzip findet sich bei Kreditgenossenschaften in den vertraglichen Regelungen zur Sicherungseinrichtung des Bundesverbandes der deutschen Volks- und Raiffeisenbanken e.V. wieder.[526] Das Statut der Sicherungseinrichtung gibt vor, dass die Kreditgenossenschaften ihre geschäftliche Tätigkeit auf den Bereich konzentrieren, der durch ihren Sitz und ihre Zweigstellen bestimmt wird.[527] Für die Sicherungseinrichtung ist dabei weniger die Mitgliederförderung als die Begrenzung des unternehmerischen Risikos von Interesse.[528] Faktisch wird dadurch aber zugleich eine Konkurrenz der Kreditgenossenschaften untereinander verhindert.[529]

Sowohl kommunalen Sparkassen als auch Kreditgenossenschaften ist damit zwar eine Verpflichtung gegenüber ihrer Region zu eigen und ein zumindest mittelbar geltendes Regionalprinzip Ausdruck ihrer dezentralen Struktur.[530] Speziell das sparkassenrechtliche Regionalprinzip wäre von einer Kreditgenossenschaft aber nur zu wahren, wenn deren Geschäftsgebiet satzungsmäßig auf den Einzugsbereich einer bestimmten Kommune begrenzt wird.

VII. Verbundprinzip, Sparkassenaufsicht und Pflichtmitgliedschaft in einem regionalen Sparkassen- und Giroverband

Sowohl im Sparkassensektor als auch im Bereich der Kreditgenossenschaften gilt des weiteren das Verbundprinzip, gibt es eine eigenständige Prüfungsorganisation und ist für die jeweiligen Mitglieder die Zwangsmitgliedschaft in einem Verband vorgeschrieben.[531]

---

525 Bauer, Die Genossenschaft, S.28

526 Dülfer/Kramer, Schwachstellenanalyse und Frühwarnsysteme, S.58f.; Selbach, Die Kreditgenossenschaften im Wettbewerb, S.108

527 Klose, Zusatzgrundkapital für eingetragene Genossenschaften, S.61

528 Bauer, Die Genossenschaft, S.28; Oellerking/Holzgrabe, Sparkassen und Genossenschaftsbanken, S.134

529 Bauer, Die Genossenschaft, S.28; Klose, Zusatzgrundkapital für eingetragene Genossenschaften, S.61

530 Blume, Sparkassen im Spannungsfeld, S.166; Gerke, Handelsblatt vom 7.12.1998, 23; Klein, Das Sparkassenwesen in Deutschland und Frankreich, S.409f.; Martin, Wettbewerbliche Neuorientierung der Kreditgenossenschaften, S.25f.

531 Siehe Erster Teil D.II.1.h.-j., S.36f. und Vierter Teil B, S.92ff.; Hanel, Prozessuale Beratung im kreditgenossenschaftl. Finanzverbund, S.35f.; Martin, Wettbewerbliche Neuorientierung der Kreditgenossenschaften, S.25; Schuler, Sortimentspolitik und

Übernähme nun eine kommunale Sparkasse als private Organisationsform die Rechtsform einer eingetragenen Genossenschaft, würde das Genossenschaftsgesetz es grundsätzlich nicht ausschließen, dass diese „Sparkassen eG“ wie eine freie Sparkasse in der Sparkassenorganisation verbleibt und zusätzlich Aufnahme in der Genossenschaftsorganisation findet. Das betrifft insbesondere das Verbundprinzip und damit die wahlweise Nutzung von Zentral- und Verbundunternehmen. Das betrifft aber auch die gleichzeitige Mitgliedschaft in einem regionalen Sparkassen- und Giroverband sowie in einem genossenschaftlichen Prüfungsverband. Nur hinsichtlich der Sparkassenaufsicht gäbe es eine Besonderheit insoweit, als dass es in Anbetracht der privaten Organisationsform einer Anstaltsaufsicht nicht mehr bedürfte und im Übrigen das Genossenschaftsgesetz den genossenschaftlichen Prüfungsverbänden das ausschließliche Recht einräumt, die wirtschaftlichen Verhältnisse und die Ordnungsmäßigkeit der Geschäftsführung der Genossenschaften zu prüfen.[532]

VIII. Bezeichnung „Sparkasse“

Schließlich finden sich auch zur Firmierung Parallelen zwischen kommunalen Sparkassen und Kreditgenossenschaften. Beiden wird ein Namensschutz durch das Kreditwesengesetz zuteil. Nur öffentlich-rechtliche Sparkassen dürfen die Bezeichnung „Sparkasse“ neu aufnehmen[533] und nur Kreditinstitute in der Rechtsform der Genossenschaft die Bezeichnung „Volksbank“[534].

Kreditgenossenschaften können, müssen aber nicht die Bezeichnung „Volksbank“ in ihrer Firmierung übernehmen. Das Genossenschaftsgesetz gibt hinsichtlich der Firmierung einer Genossenschaft allein vor, dass die Bezeichnung „eingetragene Genossenschaft“ oder die Abkürzung „eG“ Berücksichtigung finden. Des Weiteren darf kein Zusatz beigefügt sein, der darauf hindeutet, ob und in welchem Umfang Genossen eine Nachschusspflicht haben. Im Übrigen wird auf die allgemeinen handelsrechtlichen Grundsätze zur Firmierung verwiesen.[535]

Mithin wäre es durch das Kreditwesengesetz zwar untersagt, aus genossenschaftsrechtlicher Sicht aber zulässig, die bisherige Firmierung einer kommunalen Sparkasse beizubehalten, wenn die Rechtsform der eingetragenen Genossen-

---

Förderungsauftrag, S.16ff.; Wiedemann, Verbundstrategie für Kreditgenossenschaften, S.20

532 Siehe Vierter Teil B.II., S.93

533 Siehe § 40 Abs.1 Nr.1 KWG

534 Siehe § 39 Abs.2 KWG

535 Siehe § 3 GenG

schaft als private Organisationsform für eine kommunale Sparkasse gewählt würde. Lediglich die Abkürzung „eG“ müsste ergänzt werden.

IX. Zusammenfassung und Ausblick

Zusammenfassend ergibt die vorstehende Betrachtung zweierlei. Zum einen steht die Rechtsform der eingetragenen Genossenschaft der Berücksichtigung sparkassenspezifischer Kennzeichen nicht entgegen. Zum anderen sind ohnehin der Rechtsform der eingetragenen Genossenschaft Besonderheiten zu Eigen, die denen der kommunalen Sparkassen vergleichbar sind.[536] Entsprechendes findet sich im Vergleich zu anderen privaten Organisationsformen nicht.

So ist insbesondere der im Rahmen der Privatisierungsdiskussion bevorzugten Rechtsform der Aktiengesellschaft weder ein Unternehmenszweck noch eine Gemeinwohlorientierung vorgegeben, auch sind ihr Prinzipien wie das Subsidiaritätsprinzip oder das Regionalprinzip nicht immanent.[537] Darüber hinaus unterscheidet sich der private Bankensektor vom Bereich der Sparkassen und Kreditgenossenschaften durch sein zentrales Filialsystem,[538] das eine Solidarität mit Verbundunternehmen, Zentralen und Verbänden über Gewinnerzielungsabsichten und Beteiligungsverhältnisse hinaus nicht kennt.

F. Die „Sparkassen eG“ in der Privatisierungsdiskussion

Die eingetragene Genossenschaft wird im Rahmen der Privatisierungsdiskussion als private Organisationsform für kommunale Sparkassen bereits berücksichtigt, gegenüber der Organisationsform der Aktiengesellschaft, wie gesagt, jedoch nur nachrangig.[539]

So führt *Lücke* selbst zum Thema „Chancen für Genossenschaften im Zuge der Privatisierung“ lediglich aus, dass die Rechtsform der eingetragenen Genossenschaft sicherlich eine Privatisierungsoption für kommunale Sparkassen darstellt.[540]

---

536 Klein, Das Sparkassenwesen in Deutschland und Frankreich, S.360, spricht sogar von einer „Seelenverwandtschaft“

537 Lang/Weidmüller, Genossenschaftsgesetz, § 1 GenG Rn.4

538 Müller, Das Problem einer Neustrukturierung, S.70f.; Schröder, Der moderne Förderauftrag im Gründungsgeschäft, S.123

539 So auch Klein, Das Sparkassenwesen in Deutschland und Frankreich, S.357

540 Lücke, Chancen für Genossenschaften im Zuge der Privatisierung, S.309

Weitergehend waren da schon die Ausführungen von *Gröschel* im Jahre 1992. Dieser erkannte einen Handlungsspielraum für Kreditgenossenschaften insofern, als dass Kreditgenossenschaften auf Grund ihrer Präsenz in der Region und ihrem vergleichbaren Verbundsystem durch eine Übernahme kommunaler Sparkassen Kundenpotentiale zusammenführen und ihr Filialnetz straffen könnten. Das allerdings ginge zu Lasten des Wettbewerbs in der Region.[541]

Die Auffassung *Gröschels* bestätigen *Berndt*[542] und *Oebecke*[543] noch einmal 10 Jahre später. *Berndt* gibt zudem zu bedenken, dass die Synergieffekte nur von kurzer Dauer sein dürften. Die Konzentration in der Region mache es zu Lasten der Kunden nicht erforderlich, dass die Kreditgenossenschaften das Einsparungspotential auch tatsächlich ausschöpfen.

Gerke teilt derartige Bedenken nicht. Er sieht nicht nur Gemeinsamkeiten zwischen den Kreditgenossenschaften, den kommunalen Sparkassen und ihrer Verbundsysteme. *Gerke* argumentiert darüber hinaus dahingehend, dass zudem verbundsübergreifende Fusionen zwischen Primärinstituten vor Ort eher der regionalen Orientierung der Institute entsprechen dürften als überregionale Fusionen innerhalb der Verbundssysteme. Die Verbundsgrenzen sollten insofern durchlässiger werden. Zudem dürfte ein Wettbewerb zwischen den Verbundunternehmen für den Wettbewerb förderlich sein.[544]

Auch *Blume* greift die Überlegung eines Zusammenschlusses von kommunalen Sparkassen und Kreditgenossenschaften auf. Im Unterschied zu *Gerke* regt dieser aber eine verbundsübergreifende Zusammenarbeit der Verbundunternehmen an und nimmt Abstand von einer Fusion der Primärinstitute. Zur Begründung verweist *Blume* darauf, dass die bestehende Rechtslage solchen Zusammenschlüssen ohnehin entgegensteht. Selbst für den Fall von Gesetzesänderungen wären die Mitgliederorientierung der Kreditgenossenschaften und der öffentliche Auftrag der kommunalen Sparkassen nicht miteinander zu vereinbaren. Allenfalls wenn der öffentliche Auftrag der kommunalen Sparkassen entfiele, kämen Zusammenschlüsse in Betracht.[545]

Unter Verweis auf die bestehende Rechtslage sind auch die tatsächlichen Fusionsbestrebungen zwischen der Raiffeisen-Volksbank Altötting und der Kreissparkasse Altötting sowie zwischen der Raiffeisen-Volksbank Selb-Marktredwitz und der Stadtsparkasse Marktredwitz aufgegeben worden.[546] Von den Spitzen-

541 Gröschel, Sparkasse 1992, 524f.

542 Berndt, Kreditwesen 2002, 732

543 Oebecke, Kreditwesen 2002, 742

544 Gerke, Handelsblatt 7.12.1998, 23

545 Blume, Sparkassen im Spannungsfeld, S.165ff.

546 Ohne Verfasserangabe, Fusion mit Sparkasse, S.48; Ohne Verfassangabe, Kein Präzedenzfall in Marktredwitz, S.26

verbänden *DSGV* und *BVR* ist eine solche Entwicklung auch nicht gewollt. Diese halten am bisherigen dreigliedrigen Aufbau des deutschen Bankensektors fest.[547]

Bernd Rödl hatte im Fall Marktredwitz laut Süddeutscher Zeitung vom 15.07.1999 allerdings trotz der bestehenden Rechtslage eine Fusion mittels Beteiligung eines Zweckverbandes oder aber einer Liquidation der Sparkasse „im Sinne einer Einzelveräußerung und Übertragung von Kundenbeziehungen" für möglich gehalten.[548]

Ferdinand Kirchhof hält wie *Blume* die Strukturen und Ziele von Kreditgenossenschaften und kommunalen Sparkassen für unvereinbar. Im Ergebnis müsse ein Banktyp aufgegeben werden, wobei es allerdings für *Kirchhof* auch in Betracht käme, dass ein Zusammenschluss zu einem Wegfall der Kreditgenossenschaften führt.[549] Eine solche Entwicklung hält der *DSGV* im übrigen bereits heute für rechtlich möglich.[550]

Schmidt wiederum betrachtet allein die Rechtsform der eingetragenen Genossenschaft als alternative Organisationsform für kommunale Sparkassen, losgelöst von der Vorstellung einer verbundsübergreifenden Fusion. Das Prinzip „Ein Genosse – Eine Stimme" festige nicht nur das Regionalprinzip, sondern wirke auch feindlichen Übernahmen und einer schleichenden Verschiebung der Eigentumsverhältnisse entgegen. Zur Umsetzung verweist *Schmidt* dabei auf die Privatisierung der Sparkassen in Frankreich und Österreich. Seiner Vorstellung nach könne die Rechtsform insofern Verwendung finden, als dass das Kapital der Sparkassen in Beteiligungsgenossenschaften eingebracht wird und das Bankgeschäft aktienrechtliche Tochterunternehmen vornehmen. An dem genossenschaftlichen Mutterunternehmen könnten sich dann Private beteiligen.[551]

Diese Überlegungen greift *Mikko Klein* auf und macht auf Risiken der genossenschaftlichen Rechtsform aufmerksam. So könne das Genossenschaftskapital schwanken, zumal es sich um eine Gesellschaft mit nicht geschlossener Mitgliederzahl handelt. Neben einem möglichen Kapitalschwund durch Mitgliederaustritte wäre zudem zu bedenken, dass das Stimmrecht der Genossen unabhängig von der Höhe ihrer Kapitaleinlage ist. Das könne wiederum der Beteiligungsbe-

---

547 Zum DSGV siehe ohne Verfasserangabe, „Spiel mit dem Feuer", S.12; Zum BVR siehe Krüger, Bankinformation 2003, S.9

548 Ohne Verfasserangabe, Kein Präzendenzfall in Marktredwitz, S.26. Der Gedanke zur Einbeziehung eines Zweckverbandes findet sich auch in einem Entwurf zur Änderung des saarländischen Sparkassengesetzes. - Siehe Georgi, Kreditwesen 2002, 747

549 Kirchhof/Henneke, Entwicklungsperspektiven kommunaler Sparkassen, S.75f.

550 Ohne Verfasserangabe, Kooperation von Volksbank und Sparkasse soll Marktposition stärken, S.20

551 Schmidt, Wirtschaftsdienst 2001, 350f.

reitschaft Privater entgegenstehen. Auch aus diesem Grund läge die Aktiengesellschaft als private Organisationsform für kommunale Sparkassen daher näher.[552]

Beuthien kommt ebenfalls zu diesem Ergebnis, allerdings unter der Prämisse, dass der kommunale Sparkassenträger seinen bestimmenden Einfluss wahren will. Dem widerspreche die Stimmrechtsregelung des Genossenschaftsgesetzes, wenn Private an der „Sparkassen eG" beteiligt werden sollen. Eher wäre es denkbar, dass sich kommunale Sparkassen und Kreditgenossenschaften im Rahmen einer Verschmelzung durch Neugründung in der Rechtsform der Aktiengesellschaft wiederfinden.[553]

Am umfassendsten hat sich bislang *Jochen Klein* dem Thema „Sparkassen eG" gewidmet. Dieser hat nicht nur weitestgehend die vorstehenden Überlegungen aufgegriffen und ausführlich erörtert, sondern darüber hinaus eine Privatisierung kommunaler Sparkassen orientiert am französischen Vorbild nachvollzogen. Er diskutiert und empfiehlt schließlich, die kommunalen Sparkassen mittels eines Sparkassen-Umwandlungsgesetzes einheitlich in eingetragene Genossenschaften umzuwandeln und diese dann als Publikumsgesellschaften Privaten zu öffnen. Der Sparkassensektor und sparkassenspezifische Kennzeichen könnten dabei erhalten werden, indem die „Sparkassen eGs" weiterhin modifizierten Sparkassengesetzen unterworfen bleiben.[554]

Zum Abschluss der Darstellung sei auf eine im Rahmen der Privatisierungsdiskussion noch unberücksichtigte Stellungnahme des Bundesrates zu § 301 UmwG im Gesetzgebungsverfahren zum Umwandlungsgesetz verwiesen. An sich abstrakt und damit losgelöst von einem Rechtsformwechsel der kommunalen Sparkassen hat der Bundesrat vorgeschlagen, dass ein Formwechsel für Anstalten des öffentlichen Rechts nicht nur auf Kapitalgesellschaften begrenzt werden sollte. Es solle die Möglichkeit verbleiben, „gesetzlich etwas anderes zu bestimmen". Gleichwohl ergibt sich aus diesem Vorschlag ein Anknüpfungspunkt für einen Rechtsformwechsel kommunaler Sparkassen unter Berücksichtigung der eingetragenen Genossenschaft, wenn der Bundesrat zur Begründung wie folgt ausführt:

„In den Ländern besteht zum Teil das Bedürfnis, dass genossenschaftlich strukturierte Kreditinstitute, die Kraft früherer Verleihung den Status einer Kör-

---

552 Klein, Die Privatisierung der Sparkassen und Landesbanken, S.204ff., der im übrigen auch einen Zusammenschluss kommunaler Sparkassen und Kreditgenossenschaften ablehnt u.a. unter Verweis auf die zu erwartenden Wettbewerbsbeschränkungen und nachteilige Auswirkungen auf das einheitliche Erscheinungsbild der Institutsgruppen.

553 Beuthien, WM 2003, 1881ff., der zudem wie auch andere auf die Möglichkeit für kommunale Sparkassen und Kreditgenossenschaften verweist, durch eine tatsächliche Zusammenarbeit oder mittels Gemeinschaftsunternehmen zusammenzuwirken.

554 Klein, Das Sparkassenwesen in Deutschland und Frankreich, S.320ff.

perschaft oder Anstalt des öffentlichen Rechts besitzen, in eine eingetragene Genossenschaft umgewandelt werden. Die Rechtsform der Genossenschaft entspricht der sonst üblichen Struktur solcher Kreditinstitute und würde eine Kooperation unter mehreren Instituten erleichtern. Die Änderung schafft die Voraussetzung dafür, dass die Umwandlung in eine eingetragene Genossenschaft durch Landesrecht normiert werden kann."

Die Bundesregierung und der Rechtsausschuss des Bundestages haben sich dem Vorschlag des Bundesrates angeschlossen.[555]

555 BT-Drs. 12/7265, Anlage 2, S.8; BT-Drs. 12/7265, Anlage 3 (Nr.10), S.12; BT-Drs. 12/7850, S.109

Fünfter Teil: Hinreichende Gesetzgebungsmaßnahmen für eine materiell privatisierte kommunale „Sparkassen eG“

Eine Privatisierung kommunaler Sparkassen unter Berücksichtigung der eingetragenen Genossenschaft als Organisationsform sowie der materiellen Privatisierung im weiten Sinne als Privatisierungsform wurde vorstehend weitestgehend losgelöst vom Sparkassenrecht betrachtet. Das Sparkassenrecht in der geltenden Fassung steht ohnehin bereits einer Organisationsprivatisierung kommunaler Sparkassen entgegen.[556] Es sind Gesetzgebungsmaßnahmen notwendig, damit eine Kommune die materiell privatisierte kommunale „Sparkassen eG“ realisieren kann.

A. Die derzeitigen rechtlichen Grenzen

Welche Gesetzgebungsmaßnahmen für eine solche freiwillige, also nicht durch gesetzgeberischen Zwang veranlasste Realisierung der materiell privatisierten kommunalen „Sparkassen eG“ hinreichend sind, ergibt sich im Einzelnen aus den rechtlichen Grenzen, die dem Vorhaben derzeit gesetzt sind. Ausgangspunkt einer Betrachtung dieser Grenzen ist das Verfassungsrecht.

I. Verfassungsrecht

Infolge der wirtschaftspolitischen Neutralität des Grundgesetzes[557] steht es der öffentlichen Hand grundsätzlich frei, öffentliche Unternehmen zu gründen und zu privatisieren. Selbst aus Art. 15 GG (Sozialisierung) ergibt sich keine Sperrwirkung.[558] Zwar sieht dieser Artikel des Grundgesetzes nicht ausdrücklich die Mög-

---

556 Hedrich, Die Privatisierung der Sparkassen, S.336; Horn, Sparkasse 1999, 188; Karl-Bräuer-Institut, Privatisierung von Sparkassen und Landesbanken, S.151f.; Kohlhof/Wilke, Perspektiven zur Privatisierung öffentlich-rechtlicher Sparkassen, S.57

557 BVerfGE 4, 7 (17f.); 12, 354 (363f.); 50, 290 (337ff.); Däubler, Privatisierung als Rechtsproblem, S.65f.

558 BVerfGE 12, 355 (364); Arnim, Rechtsfragen der Privatisierung, S.26; Laudenbach, Organisationsform Aktiengesellschaft für kommunale Sparkassen, S.205; Purbach, Die Auswirkungen des Binnenmarktes auf die Sparkassen, S.180f.; Schmidt, Das

lichkeit einer Reprivatisierung vor. Der fehlende Verweis bedeutet aber nicht zugleich ein Verbot. So wie der öffentlichen Hand eine Vergesellschaftung freigestellt ist, ist es ihr auch grundsätzlich gestattet, öffentliches Eigentum wieder zu privatisieren.[559] Lediglich die vom Grundgesetz gesetzten Grenzen sind zu beachten. Daher bleibt dessen nähere Betrachtung gleichwohl für das konkrete Privatisierungsvorhaben erforderlich.

1. Recht auf kommunale Selbstverwaltung gem. Art.28 Abs.2 GG

So ist auch im Fall der hier gegenständlichen freiwilligen materiellen Privatisierung kommunaler Sparkassen als verfassungsrechtliche Grenze eine Verletzung des kommunalen Selbstverwaltungsrechtes gem. Art. 28 Abs.2 GG zu bedenken.[560]

Argumentiert wird dahingehend, dass kommunale Sparkassen zum Kernbereich der Daseinsvorsorge gehören. Aus diesem Grund sei eine Kommune verpflichtet, an ihrer kommunalen Sparkasse festzuhalten. Das gelte selbst dann, wenn ein Gesetz der Kommune die Möglichkeit einräumte, die Einrichtung aufzulösen. In diesem Fall verbiete letztlich das Verfassungsrecht gleichwohl einen solchen Schritt und schütze die Kommune damit vor sich selbst.[561]

Entgegenzuhalten ist diesen Überlegungen, dass die Unterhaltung einer kommunalen Sparkasse zwar zum Kernbereich des kommunalen Selbstverwaltungsrechtes gem. Art.28 Abs.2 GG gehört.[562] Wenn es aber einer kommunalen Sparkasse – wie im Fall ihrer materiellen Privatisierung – nicht (mehr) bedarf, da Private sich der Aufgabenstellung des öffentlichen Auftrages der kommunalen Sparkasse angenommen haben, kann sich daraus für eine Kommune keine Selbstverwaltungspflicht ergeben.[563] Ansonsten würde die Selbstverwaltungs-

---

DSL-Bank-Modell, S.86; a.A.Grabbe, Verfassungsrechtliche Grenzen der Privatisierung, S.68f.

559 Jarass/Pieroth, Grundgesetz, Art.15 GG Rn.1; Schmidt, Das DSL-Bank-Modell, S.86; Schmidt, Öffentliches Wirtschaftsrecht AT, S.145

560 In jedem Fall schützt Art.28 Abs.2 GG den Kernbereich kommunaler Selbstverwaltung vor einer zwangsweisen Privatisierung durch gesetzgeberische Maßnahmen. Siehe insofern auch: BVerfGE 1,167 (174f.); dass. 79, 127 (146ff.); Krölls, GewArch 1995, S.142

561 Siehe insofern: Laudenbach, Organisationsform Aktiengesellschaft für kommunale Sparkassen, S.141f.

562 Claussen, Teilprivatisierung kommunaler Sparkassen?, S.135; Pinkwart, das rathaus 1988, 689; a.A.Pautsch, Privatisierung des öffentlichen Bankensektors, S.208, der allerdings davon ausgeht, dass kommunale Sparkassen nicht mehr im Sinne des öffentlichen Auftrages tätig sind.

563 Purbach, Die Auswirkungen des Binnenmarktes auf die Sparkassen, S.175f.

pflicht das Vorhalten einer Selbstverwaltungsreserve umfassen. Derart weitreichend kann aber eine kommunale Selbstverwaltungspflicht nicht sein.

Folglich wird das kommunale Selbstverwaltungsrecht gem. Art.28 Abs.2 GG nicht beeinträchtigt, wenn eine Kommune von sich aus den ursprünglich öffentlichen Auftrag ihrer kommunalen Sparkasse und die kommunale Sparkasse selbst im Rahmen einer materiellen Privatisierung auf Private überträgt.[564]

2. *Sozialstaatsprinzip gem. Art.20 Abs.1, Art.28 Abs.1 GG*

Des Weiteren wird die Auffassung vertreten, dass das verfassungsrechtliche Sozialstaatsprinzip gem. Art.20 Abs.1, Art.28 Abs.1 GG eine materielle Privatisierung kommunaler Sparkassen verhindert. Ein Verstoß gegen das Grundgesetz sei selbst bei einem dynamischen Verständnis des Sozialstaatsprinzips gem. Art.20 Abs.1, Art.28 Abs.1 GG festzustellen, wenn eine Kommune sich von ihrer kommunalen Sparkasse abwendet, ohne gleichzeitig einen gleichwertigen Ersatz zu schaffen.[565]

Die Begründung macht deutlich, dass vorstehend eigentlich eine materielle (Aufgaben-) Privatisierung Gegenstand der Betrachtung war, die das Risiko in sich trägt, dass sich kein Privater findet, der sich der privatisierten Aufgabe freiwillig annimmt. Wird aber die materiellen Privatisierung einer kommunalen Sparkasse thematisiert, besteht gerade der Anspruch, dass die bisherige Aufgabenstellung der kommunalen Sparkasse durch Private gewahrt wird.[566] Indem Private diesen Auftrag weiterhin wahrnehmen, wird ein gleichwertiger Ersatz geschaffen. Eine Grundversorgung der Bevölkerung mit Bankgeschäften bleibt nach wie vor Bestandteil der sozialen Infrastruktur. Somit ist auch eine Verletzung des Sozialstaatsprinzips gem. Art.20 Abs.1, Art.28 Abs.1 GG im Falle einer materiellen Privatisierung kommunaler Sparkassen nicht zu befürchten.[567]

---

564 Arnim, Rechtsfragen der Privatisierung; Hedrich, Die Privatisierung der Sparkassen, S.345; Horn, Sparkasse 1999, 188; Purbach, Die Auswirkungen des Binnenmarktes auf die Sparkassen, S.175f.

565 Siehe insofern: Laudenbach, Organisationsform Aktiengesellschaft für kommunale Sparkassen, S.157; Stern/Burmeister, Die kommunalen Sparkassen, S.194

566 Siehe Dritter Teil, S.67ff.

567 Dahinstehen kann also, dass der öffentlichen Hand auch hinsichtlich der Grundversorgung der Bevölkerung mit Bankgeschäften das Instrumentarium zur dahingehenden Wahrung des Sozialstaatsprinzip nicht vorgegeben ist. Siehe insofern auch: Arnim, Rechtsfragen der Privatisierung, S.30; Claussen, Teilprivatisierung kommunaler Sparkassen?, S.141; Hedrich, Die Privatisierung der Sparkassen, S.337; Pautsch, Privatisierung des öffentlichen Bankensektors, S.197; Purbach, Die Auswirkungen des Binnenmarktes auf die Sparkassen, S.178f.

3. Funktionsvorbehalt für hoheitliche Staatsaufgaben gem. Art.33 Abs.4 GG

Ebenso kann der Funktionsvorbehalt für hoheitliche Staatsaufgaben gem. Art.33 Abs.4 GG, der im allgemeinen als verfassungsrechtliche Privatisierungsgrenze für öffentliche Unternehmen zu berücksichtigen ist,[568] speziell im Fall der kommunalen Sparkassen als Privatisierungsgrenze dahinstehen, da bereits nach dem derzeit geltenden Sparkassenrecht vom Funktionsvorbehalt für hoheitliche Staatsaufgaben gem. Art.33 Abs.4 GG abgewichen wird.[569]

4. Rechtsstaats- und Demokratieprinzip gem. Art.20 Abs.2, Abs.3 GG

Aus verfassungsrechtlicher Sicht verbleibt damit allein die formelle Schranke des Rechtsstaatsprinzips gem. Art.20 Abs.3 GG, nach der es überhaupt einer Rechtsgrundlage für die Realisierung der materiell privatisierten kommunalen „Sparkassen eG" bedarf, da die kommunalen Sparkassen gesetzlich ausgestaltet sind.[570]

Mit dieser Rechtsgrundlage wäre zugleich den Vorgaben des Demokratieprinzips gem. Art.20 Abs.2 GG entsprochen, es sei denn, eine Organisationsprivatisierung und ggf. eine sich anschließende Teilprivatisierung sind als zusätzliche Zwischenschritte vorgesehen. Hinsichtlich solcher Zwischenphasen bedürfte es zwar keiner zusätzlichen gesetzlichen Regelung, es müssten aber gleichwohl die Einflussmöglichkeiten der öffentlichen Hand solange und insoweit gewahrt werden, als dass es nach wie vor für die demokratische Legitimation gem. Art.20 Abs.2 GG erforderlich ist.[571]

II. Bundesrecht

Konkretere Grenzen als die des Verfassungsrechts ergeben sich für eine Realisierung der materiell privatisierten kommunalen „Sparkassen eG" aus dem Sparkassenrecht des Bundes.

568 Arnim, Rechtfragen der Privatisierung, S.42

569 Siehe z.B. §§ 20, 24 S.-A.SpkG; §§ 18, 23 N.-W.SpkG; §§ 15, 20 Saarl.SpkG

570 Pautsch, Privatisierung des öffentlichen Bankensektors, S.200; Purbach, Die Auswirkungen des Binnenmarktes auf die Sparkassen, S.178f.

571 Arnim, Rechtsfragen der Privatisierung, S.34ff.; Laudenbach, Organisationsform Aktiengesellschaft für kommunale Sparkassen, S.158; Pautsch, Privatisierung des öffentlichen Bankensektors, S.198

1. Kreditwesengesetz

Im Vordergrund stehen dabei die sparkassenspezifischen Regelungen des Kreditwesengesetzes.[572]

a. Bezeichnungsschutz gem. § 40 KWG

So wurde schon zu Beginn der Privatisierungsdiskussion für den Fall einer Privatisierung kommunaler Sparkassen eine Novellierung des § 40 KWG als notwendig erachtet.[573]

Nach dieser Vorschrift ist die Bezeichnung „Sparkasse“ grundsätzlich nur öffentlich-rechtlichen Sparkassen vorbehalten.[574] Mithin müssten öffentlich-rechtliche Sparkassen die Bezeichnung aufgeben, wenn sie ihren öffentlich-rechtlichen Status im Rahmen einer Privatisierung verlieren.[575] In diesem Fall könnte von ihnen nicht einmal die Ausnahmeregelung des § 40 Abs.1 Nr.2 KWG beansprucht werden, zumal danach nur die privaten Sparkassen die Bezeichnung fortführen dürfen, die u.a. die Bezeichnung bereits zum Zeitpunkt des Inkrafttretens des Gesetzes befugt geführt hatten. Auch eine analoge Anwendung dieser Vorschrift kommt nicht in Betracht. Das schließt bereits § 40 Abs.1 Nr.3 KWG aus.

Mit § 40 Abs.1 Nr.3 KWG eröffnet das Kreditwesengesetz zwar Unternehmen die Möglichkeit, unter bestimmten Voraussetzungen die Bezeichnung „Sparkasse“ fortzuführen, selbst wenn sie sich durch eine Umwandlung neu gegründet haben.[576] Zur näheren Bestimmung der begünstigten Unternehmen nimmt die Vorschrift aber ausdrücklich Bezug auf die Ausnahmeregelung des § 40 Abs.1 Nr. 2 KWG und erfasst damit nur die privaten Sparkassen, die u.a. zum Zeitpunkt des Inkrafttretens des Gesetzes die Bezeichnung „Sparkasse“ befugt geführt hatten. Der Verweis bedingt eine klare Abgrenzung zu § 40 Abs.1 Nr.1 KWG bzw. zu den öffentlich-rechtlichen Sparkassen. Wenn aber bereits in § 40 Abs.1 Nr.3 KWG derart deutlich zwischen öffentlich-rechtlichen und priva-

---

572 Claussen, Teilprivatisierung kommunaler Sparkassen?, S.207; Hedrich, Die Privatisierung der Sparkassen, S.324

573 Siehe insofern: Claussen, Teilprivatisierung kommunaler Sparkassen?, S.207; Fischer, Sparkassen im Wandel, S.147; Hedrich, Die Privatisierung der Sparkassen, S.324; Möschel, Sparkassen im Wandel, S.131; ders., WM 1993, 98

574 Siehe § 40 Abs.1 Nr.1 KWG

575 Claussen, Teilprivatisierung kommunaler Sparkassen?, S.207; Hedrich, Die Privatisierung der Sparkassen, S.324; Möschel, Sparkassen im Wandel, S.131; ders., WM 1993, 98

576 Siehe § 40 Abs.1 Nr.3 KWG

ten Kreditinstituten unterschieden wird, kommt erst recht eine Auslegung der Ausnahmeregelung des § 40 Abs.1 Nr.2 KWG zu Gunsten der kommunalen Sparkassen nicht in Betracht.

Folglich steht im Ergebnis § 40 KWG in der derzeit geltenden Fassung der Wahrung der Bezeichnung „Sparkasse“ durch eine materiell privatisierte kommunale „Sparkassen eG“ entgegen.

b. Eigenkapitalausstattung gem. § 10 KWG

Anders als beim Bezeichnungsschutz verhält es sich mit der sparkassenspezifischen Regelung des § 10 Abs.2a Nr.4 KWG zur Eigenkapitalausstattung. Dort macht das Kreditwesengesetz keinen Unterschied zwischen öffentlich-rechtlichen und privaten Sparkassen. Eine Einschränkung findet sich in der Vorschrift allein dahingehend, dass Sparkassen des privaten Rechts als öffentliche Sparkassen anerkannt sein müssen. Die Voraussetzungen dazu erfüllen die freien Sparkassen, indem sie sich dem Nichtmitgliedergeschäft öffnen und damit einem nicht beschränkten Kundenkreis zugänglich sind.[577] Auch eine materiell privatisierte kommunale „Sparkassen eG“ könnte derart tätig werden,[578] so dass das Kreditwesengesetz ihre Realisierung, soweit es die sparkassenspezifische Eigenkapitalausstattung betrifft, nicht in Frage stellt. Selbst wenn aber eine Anwendung des § 10 Abs.2a Nr.4 KWG ausgeschlossen wäre, bedürfte es deswegen keiner Gesetzgebungsmaßnahme, da die Rücklagen der Kreditgenossenschaften bereits gem. § 10 Abs.2a Nr.3 KWG als Kernkapital gelten.

2. Genossenschaftsgesetz

Die Regelungen des Kreditwesengesetzes haben gezeigt, dass nicht nur das Sparkassenrecht die rechtlichen Grenzen für eine Realisierung der materiell privatisierten kommunalen „Sparkassen eG“ bestimmt. Es ist auch der Rechtsrahmen der angestrebten privaten Organisationsform zu berücksichtigen, im Fall der Rechtsform einer eingetragenen Genossenschaft also das Genossenschaftsgesetz.[579]

Dass das Genossenschaftsgesetz grundsätzlich der Wahrung sparkassenspezifischer Wesensmerkmale nicht entgegensteht, hatte sich bereits vorstehend erwiesen.[580] Aber auch darüber hinaus begrenzt das Genossenschaftsgesetz nicht ein

---

577 Siehe Dritter Teil D., S.84

578 Siehe Vierter Teil E.I., S.105f.

579 Bauer, Die Genossenschaft, S.19; Baumann/Falkenstein, Die Volksbanken und Raiffeisenbanken, S.28; Winter, Genossenschaftswesen, S.82

580 Siehe Vierter Teil E.IX., S.112

Privatisierungsvorhaben wie die Realisierung einer materiell privatisierten kommunalen „Sparkassen eG". Wie schon gesagt, wäre nur darauf zu achten, dass als Unternehmenszweck die Mitgliederförderung im Verhältnis zum ursprünglich öffentlichen Auftrag der kommunalen Sparkassen Vorrang hat.[581]

3. *Umwandlungsgesetz*

Schließlich ergibt sich auf der Ebene des Bundesrechts für eine Realisierung der materiell privatisierten kommunalen „Sparkassen eG" noch eine weitere Hürde, und zwar aus der Notwendigkeit, dass auch der zivilrechtliche Teil der Privatisierung abgedeckt sein muss. Zur Überwindung dieser Hürde kommt eine Anwendung des Umwandlungsgesetzes in Betracht.[582] Eine Umwandlung i.S.d. Umwandlungsgesetzes empfiehlt sich im Verhältnis zu der ebenfalls denkbaren Einzelrechtsnachfolge, um insbesondere steuerliche Nachteile zu vermeiden.[583]

Das Umwandlungsgesetz bietet unterschiedliche Varianten von Umwandlungsverfahren an. Im einzelnen handelt es sich um die Verschmelzung, die Spaltung, die Vermögensprivatisierung und den Formwechsel.[584]

Die Verschmelzung[585] ermöglicht es einem übernehmenden Rechtsträger, einen übertragenden Rechtsträger einschließlich dessen Anteilsinhaber im Wege der Gesamtrechtsnachfolge in sein Gesellschaftskonstrukt zu integrieren. Variationen der Verschmelzung sind die Spaltung[586] und die Vermögensübertragung[587].

Bei der Spaltung können im Unterschied zur Verschmelzung mehrere übernehmende Rechtsträger auftreten. Darüber hinaus kann der übertragende Rechtsträger bestehen bleiben, nur ein Teil des Vermögens übertragen werden und sind nicht unbedingt die Anteilsinhaber, sondern der übertragende Rechtsträger als Gesellschafter des übernehmenden Rechtsträgers zu berücksichtigen.

Die Vermögensübertragung wiederum grenzt sich davon ab, indem nicht die Gewährung von Anteilen durch den übernehmenden Rechtsträger vorgesehen ist, sondern eine Gegenleistung gewährt wird.

Der Formwechsel[588] schließlich hat nicht wie die anderen Umwandlungsvarianten eine Rechtsnachfolge und zumindest zwei Rechtsträger zum Gegenstand,

---

581 Siehe Vierter Teil E.I., S.105f.
582 Thode, Veräußerung öffentlich-rechtlicher Versicherungsunternehmen, S.214
583 Böttcher/Zartmann/Kander, Wechsel der Unternehmensform, S.34; Kübler, Gesellschaftsrecht, S.348
584 Siehe § 1 Abs.1 UmwG
585 Siehe §§ 2 - 122 UmwG
586 Siehe §§ 123 - 173 UmwG
587 Siehe §§ 174 – 189 UmwG
588 Siehe §§ 190 – 304 UmwG

sondern nur einen Rechtsträger, der seine Identität wahrt und nur seine Rechtsform ändert. Zu einer Vermögensübertragung kommt es nicht.[589]

Allen Umwandlungsverfahren des Umwandlungsgesetzes ist es gemeinsam, dass sie an der Rechtsform der betroffenen Rechtsträger anknüpfen.[590] Das bedeutet aber nicht, dass ihre Anwendung auch für alle Rechtsformen vorgesehen ist. So findet die Anstalt des öffentlichen Rechts und damit die derzeitige Organisationsform der kommunalen Sparkassen weder bei der Verschmelzung, noch bei der Spaltung Berücksichtigung. Die weitergehende Betrachtung des Umwandlungsgesetzes kann sich daher zunächst auf den Formwechsel und die Vermögensübertragung konzentrieren.

a. Formwechsel

Das Umwandlungsverfahren des Formwechsels berücksichtigt Anstalten des öffentlichen Rechts insofern, als dass sie danach eine andere Rechtsform erlangen können, wenn sie rechtsfähig sind und das für sie maßgebende Bundes- oder Landesrecht einen Rechtsformwechsel vorsieht oder zulässt. Als neue Rechtsform kommt, soweit gesetzlich nichts anderes bestimmt ist, nur die einer Kapitalgesellschaft in Betracht.[591]

Mithin wäre eine Privatisierung kommunaler Sparkassen in jeglicher Form von der Umwandlungsvariante des Formwechsels umfasst, wenn eine Kapitalgesellschaft als private Organisationsform gewählt wird. Die materiell privatisierte kommunale „Sparkassen AG“ könnte auf diesem Wege realisiert werden. Es bedürfte nach den Vorgaben des Umwandlungsgesetzes nur eines entsprechenden Gesetzes des jeweiligen Landesgesetzgebers,[592] der auf Grund seiner Organisationshoheit[593] dafür zuständig wäre, den kommunalen Sparkassen die Möglichkeit für einen Formwechsel i.S.d. Umwandlungsgesetzes zu eröffnen.

Für die Rechtsform der eingetragenen Genossenschaft und damit für die materiell privatisierte kommunale „Sparkassen eG“ gilt nur eingeschränkt das Gleiche. Da es sich bei der Rechtsform einer eingetragenen Genossenschaft nicht um eine Kapitalgesellschaft handelt,[594] müsste der Landesgesetzgeber nach den Vor-

---

589 Ohlmeyer/Kuhn/Philipowski, Verschmelzung von Genossenschaften, S.7ff; Schmitt/Hörtnagl/Stratz, Umwandlungsgesetz/Umwandlungssteuergesetz, § 1 UmwG Rn.16ff.; Wagner, Das neue Umwandlungsrecht, S.13ff

590 Lang/Weidmüller, Genossenschaftsgesetz, Anh. 1 (UmwG) Rn.4

591 Siehe § 301 UmwG

592 Siehe § 301 Abs.2 UmwG

593 Siehe Erster Teil D., S.29f.

594 Selbach, Die Kreditgenossenschaften im Wettbewerb der Bankengruppen, S.21; Turner, Die eingetragene Genossenschaft, S.14

gaben des Umwandlungsgesetzes[595] nicht nur ganz allgemein einen Formwechsel i.S.d. Umwandlungsgesetzes für kommunale Sparkassen zulassen, sondern darüber hinaus dabei auch die Rechtsform der eingetragenen Genossenschaft als neue private Rechtsform vorsehen.[596]

b. Vermögensübertragung

Das Umwandlungsverfahren der Vermögensübertragung erfasst wie das Umwandlungsverfahren des Formwechsels zwar auch Anstalten des öffentlichen Rechts. Es berücksichtigt aber nicht alle, sondern nur die in Gestalt öffentlich-rechtlicher Versicherungsunternehmen.[597] Allein diesen als Anstalten des öffentlichen Rechts eröffnet es die Möglichkeit, ihr Vermögen auf Aktiengesellschaften oder Versicherungsvereine auf Gegenseitigkeit zu übertragen.[598] Anderen Anstalten des öffentlichen Rechts wie den kommunalen Sparkassen steht diese Umwandlungsvariante ohne weiteres nicht zur Verfügung. Unabhängig davon ist auch ein übernehmender Rechtsträger in der Rechtsform einer eingetragenen Genossenschaft nicht vorgesehen.

c. Typenzwang mit Öffnungsklausel

Damit kann festgehalten werden, dass die Rechtsform der Anstalt des öffentlichen Rechts zwar bei einzelnen Umwandlungsverfahren des Umwandlungsgesetzes Berücksichtigung findet. Das erfolgt jedoch nur eingeschränkt, und kommunale Sparkassen sind davon nicht unbedingt begünstigt.

Aber auch in der Zeit vor Erlass des Umwandlungsgesetzes gab es keine bundesrechtlichen Umwandlungsvorschriften, die speziell auf eine Privatisierung kommunaler Sparkassen anwendbar waren. Gleichwohl kam es zu Sparkassenfusionen zwischen öffentlich-rechtlichen und privaten Sparkassen. Einzelfallgesetze der Länder genügten als Rechtsgrundlage. Hinsichtlich des zivilrechtlichen Teils der Übertragungsverfahren fanden andere bundesrechtliche Vorschriften im Wege der Analogie Anwendung. Solange berechtigte Vermögensinteressen der von der Verschmelzung Betroffenen nicht gefährdet waren, wurde die gesetzliche Nichtregulierung einer solchen Fusion nicht als Verschmelzungsverbot ausgelegt.[599]

---

595 Siehe § 301 Abs.1 UmwG

596 Goutier/Knopf/Tulloch, Kommentar zum Umwandlungsrecht, zu § 301 UmwG S.985

597 Siehe Dritter Teil B.II., S.75f.

598 Siehe § 188 UmwG

599 Thode, Die Veräußerung öffentlich-rechtlicher Versicherungsunternehmen, S.211ff.

In Anbetracht dieser Erfahrungen enthält das Umwandlungsgesetz mit § 1 Abs.2 UmwG eine Klausel,[600] die zwar einerseits einen Numerus clausus der Umwandlungsverfahren bzw. ein Analogieverbot einführt, andererseits aber nach wie vor auch Umwandlungen anderer Art nicht ausschließt.[601] Die Klausel ermöglicht über die Umwandlungsverfahren des Umwandlungsgesetzes hinaus auch andere Umwandlungen, wenn ein anderes Bundesgesetz oder ein Landesgesetz diese vorsehen und es sich um Umwandlungen im Sinne des Umwandlungsgesetzes handelt.

Folglich kann es letztlich dahinstehen, ob auf Anstalten des öffentlichen Rechts wie den kommunalen Sparkassen ausdrücklich oder mittelbar die Umwandlungsverfahren des Umwandlungsgesetzes anwendbar sind. Auch im Fall der materiell privatisierten kommunalen „Sparkassen eG“ genügt es gem. § 1 Abs.2 UmwG, dass der Landesgesetzgeber ein Umwandlungsverfahren im Sinne des Umwandlungsgesetzes für anwendbar erklärt und ergänzend die Rechtsform der eingetragenen Genossenschaft als weitere private Organisationsform zulässt, um den zivilrechtlichen Teil der Privatisierung durch das Umwandlungsgesetz abzudecken. Eventuelle Vorbehalte, die sich aus den speziellen Regelungen der einzelnen Umwandlungsverfahren gegen das Privatisierungsvorhaben ergeben,[602] werden durch ein solches Landesgesetz i.V.m. § 1 Abs.2 UmwG obsolet. Wie sich gezeigt hat, betraf dies alle Umwandlungsverfahren mit Ausnahme des Formwechsels, da ein solcher nicht mehr als die Vorgehensweise nach § 1 Abs.2 UmwG erforderlich macht.

III. Landesrecht

Weitere rechtliche Grenzen für eine Realisierung der materiell privatisierten kommunalen „Sparkassen eG“ ergeben sich aus dem Sparkassenrecht der Länder. Im Vordergrund stehen dabei die Landessparkassengesetze.

1. Verfassungsrecht

So sind den Landesverfassungen weitergehende Vorgaben als die des Grundgesetzes für das hier in Frage stehende Privatisierungsvorhaben an sich nicht zu entnehmen. Nur vereinzelt finden sich Besonderheiten,[603] die eine weitergehende

600 Thode, Die Veräußerung öffentlich-rechtlicher Versicherungsunternehmen, S.215
601 Wagner, Das neue Umwandlungsrecht, S.45; Kallmeyer, Umwandlungsgesetz, § 1 UmwG Rn. 21 u. 24; Lutter, Umwandlungsgesetz, § 1 UmwG Rn.18 u. Rn.21
602 Siehe Fünfter Teil A.II.3., S.123f. u. Fünfter Teil A.II.3.b., S.125
603 Thode, Die Veräußerung öffentlich-rechtlicher Versicherungsunternehmen, S.101f.

Betrachtung erforderlich machen. Beispielsweise ergibt sich aus der Niedersächsischen Verfassung, dass überkommene heimatgebundene Einrichtungen der ehemaligen Länder Hannover, Oldenburg, Braunschweig und Schaumburg-Lippe grundsätzlich weiterhin dem heimatlichen Interesse dienstbar zu machen und zu erhalten sind.[604]

2. Kommunalrecht

Auch aus dem Kommunalrecht ergibt sich kein absolutes Verbot für eine Realisierung der materiell privatisierten kommunalen „Sparkassen eG", so wie das Kommunalrecht ganz allgemein einer materiellen Privatisierung kommunaler Sparkassen nicht entgegensteht.[605] Daher mag auch der Streit dahingestellt sein, ob das Sparkassenrecht ein das Kommunalrecht ausschließendes Sonderrecht ist.[606]

Zur Privatisierung öffentlicher Unternehmen ergeben sich aus den Gemeindeordnungen der meisten Bundesländer neben dem Verschleuderungsverbot[607] lediglich Vorgaben dahingehend, dass die Erfüllung der öffentlichen Aufgabe weiterhin gewährleistet wird[608] oder ein wichtiger Grund für die Privatisierung vorliegen muss[609]. Im Fall der kommunalen Sparkassen bleibt es darüber hinaus bei dem Verweis auf die besonderen Vorschriften zum öffentlichen Sparkassenwesen.[610]

---

604 Siehe Art.72 Nds.Verf.

605 Hedrich, Die Privatisierung der Sparkassen, S.323; Purbach, Die Auswirkungen des Binnenmarktes auf die Sparkassen, S.182

606 Bejahrend beispielsweise: BayVerfGH, BayVBl. 1986, 463; OVG Saarlouis, DÖV1970, 610; Purbach, Die Auswirkungen des Binnenmarktes auf die Sparkassen, S.26f.; Thieme, Sparkasse 1962, 180f.; Weides, DÖV 1984, 42; Verneinend beispielsweise: BVerwG, NVwZ-RR 1989,11; OVG Lüneburg, DÖV 1978, 99; Habeck, Sparkassen als Universalbanken, S.143; Stern/Nierhaus, Rechtsfragen der Neuordnung des Sparkassenwesens, S.15f.; Kirchof, Die Rechtspflicht zur Übertragung von Zweigstellen, S.12; Köhler, Die Beschränkungen des Wirkungsbereiches der kommunalen Sparkassen, S.63; Laubenbach, Organisationsform Aktiengesellschaft für kommunale Sparkassen, S.213; Weber, Öffentliche Unternehmen, S.173ff.

607 Siehe z.B. § 97 Abs.1 Nds.GO

608 Siehe z.B. § 122 Abs.1 S.-A.GO

609 Siehe z.B. § 115 Abs.1 Nds.GO

610 Claussen, Teilprivatisierung kommunaler Sparkassen?, S.189

3. *Sparkassengesetze*

Die besonderen Vorschriften des Sparkassenwesens und damit die Sparkassengesetze sind es letztlich, die in ihrer derzeitigen Fassung das hier betrachtete Privatisierungsvorhaben verhindern. Indem die Sparkassengesetze den kommunalen Sparkassen als Organisationsform zwingend die Anstalt des öffentlichen Rechts vorgeben,[611] ist unabhängig von der angestrebten Privatisierungsform bereits eine private Organisationsform für kommunale Sparkassen unzulässig.[612] Es ergibt sich unter Berücksichtigung des Rechtsstaatsprinzips gem. Art.20 Abs.2 GG insofern eine absolute Privatisierungssperre.[613]

IV. Zusammenfassung

Zusammenfassend ist festzuhalten, dass Gesetzgebungsmaßnahmen in zweierlei Hinsicht erforderlich sind, damit eine Kommune die materiell privatisierte kommunale „Sparkassen eG" realisieren kann.

Zum einen müssten die Sparkassengesetze der Länder das Privatisierungsvorhaben als Umwandlung im Sinne des Umwandlungsgesetzes vorsehen. Zum anderen müsste auf Bundesebene § 40 KWG zur Wahrung der Bezeichnung „Sparkasse" geändert werden. Im übrigen stehen das Grundgesetz, die Landesverfassungen, das Umwandlungsgesetz, das Genossenschaftsgesetz und auch die Gemeindeordnungen einer freiwilligen materiellen Privatisierung kommunaler Sparkassen unter Berücksichtigung der Rechtsform der eingetragenen Genossenschaft und der Wahrung der Bezeichnung „Sparkasse" nicht entgegen.

B. Zur Wahl eines Umwandlungsverfahrens

Werden die Landessparkassengesetze zur Realisierung der materiell privatisierten kommunalen „Sparkassen eG" geändert, hat der jeweilige Landesgesetzgeber bei der Bestimmung eines Umwandlungsverfahrens i.S.d. Umwandlungsgesetzes die Wahl. Sämtliche Umwandlungsverfahren des Umwandlungsgesetzes stehen zur Auswahl,[614] so wie auch im Rahmen der allgemeinen Diskussion über die Privatisierung kommunaler Sparkassen als mögliche Umwandlungsverfahren die

611 Siehe Erster Teil D.II.1.a., S.32

612 Hedrich, Die Privatisierung der Sparkassen, S.336; Karl-Bräuer-Institut, Privatisierung von Sparkassen und Landesbanken, S.151

613 Siehe Fünfter Teil A.I.4., S.120

614 Siehe Fünfter Teil A.II.3.c, S.125f.

Verschmelzung[615], die Spaltung[616], die Vermögensübertragung[617] und der Formwechsel[618] genannt werden. Darüber hinaus kommt die Formulierung eines im Verhältnis zu den Umwandlungsverfahren des Umwandlungsgesetzes eigenständigen Umwandlungsverfahrens in Betracht,[619] vergleichbar den Umwandlungsverfahren der Landessparkassengesetze zur Vereinigung kommunaler Sparkassen.[620]

Es dürfte aber nicht erforderlich sein, dass die Landesgesetzgeber ein eigenständiges Umwandlungsverfahren entwickeln oder sämtliche Umwandlungsverfahren des Umwandlungsgesetzes in Erwägung ziehen. Vorstehend hat sich gezeigt, dass mit dem Formwechsel ein Umwandlungsverfahren des Umwandlungsgesetzes zur Verfügung steht, das ohnehin Anstalten des öffentlichen Rechts ausdrücklich berücksichtigt.[621] Darüber hinaus bietet das Umwandlungsgesetz mit dem Umwandlungsverfahren der Vermögensübertragung eine beachtenswerte Alternative, die zumindest mittelbar ebenfalls Anstalten des öffentlichen Rechts erfasst.[622]

I. Formwechsel

Wählt der Landesgesetzgeber das Umwandlungsverfahren des Formwechsels,[623] bedeutet das für eine Realisierung der materiell privatisierten kommunalen

---

615 Siehe insofern: Claussen, Teilprivatisierung kommunaler Sparkassen?, S.95; Thode, Veräußerung öffentlich-rechtlicher Versicherungsunternehmen, S.211f.

616 Siehe insofern: Kronberger Kreis, Privatisierung von Landesbanken und Sparkassen, S.53; Steiner, Bankenmarkt und Wirtschaftsordnung, S.151

617 Siehe insofern: Thode, Veräußerung öffentlich-rechtlicher Versicherungsunternehmen, S.214f.

618 Siehe insofern: Claussen, Teilprivatisierung kommunaler Sparkassen?, S.165; Hedrich, Die Privatisierung der Sparkassen, S.315; Karl-Bräuer-Institut, Privatisierung von Sparkassen und Landesbanken, S.143; Kohlhof/Wilke, Perspektiven zur Privatisierung öffentlich-rechtlicher Sparkassen, S.61; Laudenbach, Organisationsform Aktiengesellschaft für kommunale Sparkassen, S.1; Purbach, Die Auswirkungen des Binnenmarktes auf die Sparkassen, S.236; Steiner, Bankenmarkt und Wirtschaftsordnung, S.152

619 Goutier/Knopf/Tulloch, Kommentar zum Umwandlungsrecht, § 1 UmwG Rn.55 i.V.m. Rn.64

620 BT- Drs. 12/6699, S.80; Lang/Weidmüller, Genossenschaftsgesetz, (§1 UmwG) Anh. 1 Rn.2; Schmitt, Hörtnagl, Stratz, Umwandlungsgesetz/Umwandlungssteuergesetz, § 1 UmwG Rn. 27

621 Siehe Fünfter Teil A.II.3.a., S.124f.

622 Siehe Fünfter Teil A.II.3.b., S.125

623 Siehe Fünfter Teil A.II.3.a., S.124f.

„Sparkassen eG" zunächst nur einen ersten Schritt, und zwar den einer Organisationsprivatisierung. Eine betroffene kommunale Sparkasse wäre trotz ihrer neuen privaten Organisationsform nach wie vor noch ein öffentliches Unternehmen. Für das Ziel einer materiellen Privatisierung der kommunalen „Sparkassen eG" müsste des Weiteren die Beteiligung der Kommune an dem Kreditinstitut vollständig an private Anteilsinhaber übergehen. Die dann private Sparkasse hätte, losgelöst von der öffentlichen Hand, den ursprünglich öffentlichen Auftrag der ehemals kommunalen Sparkasse weiterhin wahrzunehmen. Folglich wäre im Anschluss an den Formwechsel bzw. die Organisationsprivatisierung nach wie vor noch ein Abbau der kommunalen Beteiligung erforderlich, der in einem Schritt oder sukzessiv erfolgen könnte.[624]

1. Die Kommune als erstes Genossenschaftsmitglied

Konkret hätte ein Formwechsel unter Berücksichtigung der Rechtsform einer eingetragenen Genossenschaft als neuer privater Organisationsform also nur zur Folge, dass die Kommune als ehemalige Trägerin der kommunalen Sparkasse Genossin würde. Ihre Stellung als juristische Person des öffentlichen Rechts steht dem nicht entgegen, da ohne Weiteres juristische Personen des privaten und öffentlichen Rechts Mitglieder einer eingetragenen Genossenschaft sein können.[625] Weitere Genossen der eingetragenen Genossenschaft wären neben der Kommune nach den Vorgaben des Genossenschaftsgesetzes zumindest die Mitglieder des Vorstandes und des Aufsichtsrates der „Sparkassen eG".[626] Insgesamt müssten es an sich sieben Gründungsmitglieder sein.[627] Diese Mindestzahl erklärt das Umwandlungsgesetz aber ausnahmsweise im Fall der Umwandlung für einen Zeitraum von einem Jahr für nicht anwendbar.[628] Sie kann unterschritten werden, wenngleich es im übrigen auch beim Formwechsel sehr wohl grundsätzlich bei den für die neue Rechtsform geltenden Gründungsvorschriften bleibt.[629]

Als Geschäftsguthaben bekäme die Kommune den Wert gutgeschrieben, den die kommunale Sparkasse als Anstalt des öffentlichen Rechts hatte.[630] Wie viele

---

624 Hedrich, Die Privatisierung der Sparkassen, S.315ff.; Steiner, Bankenmarkt und Wirtschaftsordnung, S.151ff.

625 Beuthien, Genossenschaftsgesetz, § 15 GenG Rn.5; Hettrich/Pöhlmann, Genossenschaftsgesetz, § 15 GenG Rn.3; Lang/Weidmüller, Genossenschaftsgesetz, § 15 GenG Rn.3

626 Siehe § 9 Abs.2 GenG

627 Siehe § 4 GenG

628 BT-Drs. 12/6699, S.141; Goutier/Knopf/Tulloch, Kommentar zum Umwandlungsrecht, § 197 UmwG Rn.33

629 Siehe § 197 i.V.m. § 255 Abs.2 UmwG

630 Siehe § 256 Abs.1 UmwG

Geschäftsanteile die Kommune damit an der eingetragenen Genossenschaft gezeichnet hat, wäre vom Umwandlungsbeschluss und der satzungsmäßig bestimmten Höhe der Geschäftsanteile abhängig.[631]

2. Private als weitere Genossenschaftsmitglieder

Eine Beteiligung Privater an der nach wie vor kommunalen „Sparkassen eG" könnte sich dann dergestalt ergeben, dass selbige der eingetragenen Genossenschaft als Mitglieder beitreten und Geschäftsanteile zeichnen.[632] Es könnte aber auch eine Verschmelzung mit einer privaten Kreditgenossenschaft stattfinden.[633] Die Beteiligung der Kommune könnte im Gegenzug sukzessive durch die Kündigung einzelner Geschäftsanteile[634] reduziert oder aber in einem Schritt mittels Übertragung des Geschäftsguthabens[635] oder Kündigung der Mitgliedschaft[636] aufgegeben werden. In jedem Fall käme der Vermögenswert der ehemaligen kommunalen Sparkasse zur Auskehr.

Ist eine sukzessive Beteiligung Privater beabsichtigt, wäre in Anbetracht der kommunalen Ingerenzpflicht[637] die Besonderheit des Genossenschaftsgesetzes zu beachten, dass jeder Genosse in der Mitgliederversammlung der eingetragenen Genossenschaft unabhängig von seiner Kapitalbeteiligung nur eine Stimme hat.[638] Unter bestimmten Voraussetzungen können zwar Mehrstimmrechte satzungsmäßig vorgesehen sein. Durch Mehrstimmrechte können aber allenfalls zwei weitere Stimmen einem Genossen gewährt werden.[639] Zudem entfalten die Mehrstimmrechte nicht in allen Angelegenheiten der eingetragenen Genossenschaft ihre Wirkung.[640] Zu bedenken ist also, dass bei einer eingetragenen Genossenschaft grundsätzlich zwischen der Kapitalbeteiligung und dem bestimmenden Einfluss zu unterscheiden ist, während bei Kapitalgesellschaften im Gegensatz dazu grundsätzlich die Höhe der Kapitalbeteiligung zugleich den Einfluss der Gesellschafter bestimmt.[641]

---

631 Siehe § 253 Abs. 2 UmwG i.V.m. § 7 Nr.1 GenG
632 Siehe §§ 15, 15a GenG
633 Siehe §§ 79ff. UmwG
634 Siehe § §67 b GenG
635 Siehe § 76 GenG
636 Siehe § 65 GenG
637 Siehe Fünfter Teil A.I.4., S.120
638 Siehe § 43 Abs.3, S.1 GenG
639 Siehe § 43 Abs.3, S.2-5 GenG
640 Siehe § 43 Abs.3, S.6 GenG
641 Glenk, Die eingetragene Genossenschaft, S.9; Steding, Die Produktivgenossenschaften im deutschen Genossenschaftsrecht, S.28

Im Fall der kommunalen Sparkasse in der Rechtsform einer eingetragenen Genossenschaft könnte daher auf Grund dieser Besonderheit die Kommune ihren bestimmenden Einfluss auf die eingetragene Genossenschaft auch dann verlieren, wenn eine Kopfmehrheit privater Mitglieder im Verhältnis zur Kommune nur ein zu vernachlässigendes Geschäftsguthaben hält. Vermeiden ließe sich diese Situation, indem keine sukzessive Beteiligung Privater stattfindet, sondern die kommunale Beteiligung mit einem Schritt beendet wird. Dazu bedürfte es aber eines Großinvestors. Eine andere Möglichkeit wäre es, das französische Modell zur Privatisierung der Sparkassen anzuwenden.[642] Einer gesonderten gesetzlichen Regelung bedürfte es dazu an sich nicht, da sich die Notwendigkeit einer solchen oder einer ähnlichen Vorgehensweise ohnehin aus der Ingerenzpflicht der Kommunen bzw. dem Demokratieprinzip gem. Art. 20 Abs.2 GG ergibt.[643]

3. Die Anwendung des französischen Privatisierungsmodells

Eine Privatisierung im Sinne des französischen Modells[644] im Anschluss an einen Formwechsel könnte sich derart gestalten, dass die betreffende Kommune sich in einem ersten Schritt für den weiteren Fortgang der Privatisierung die notwendigen Mehrheiten in der entstandenen „Sparkassen eG" sichert. Das wäre möglich, indem eine ausreichende Anzahl und eigens zu diesem Zweck von der Kommune vorgehaltener GmbHs Mitglieder der eingetragenen Genossenschaft werden. Als weiteres Mitglied käme eine von der Kommune zur Finanzierung der Privatisierung errichtete eingetragene Genossenschaft hinzu. So wie in Frankreich wäre es Privaten zu ermöglichen, sich an dieser zweiten Genossenschaft zu beteiligen. Alleiniger Unternehmensgegenstand der zur Finanzierung vorgeschalteten Genossenschaft wäre es, die Geschäftsguthaben ihrer privaten Mitglieder an die „Sparkassen eG" weiterzureichen, indem sie selbst eben dort Geschäftsanteile zeichnet und Einzahlungen in gleicher Höhe vornimmt. Ein solcher Unternehmensgegenstand stünde dem gesetzlichen Förderauftrag der vorgeschalteten Genossenschaft nicht entgegen, da ihre Beteiligung an der „Sparkassen eG" nicht nur zum Zweck der Gewinnerzielung erfolgt, sondern einem weitergehenden Ziel dient.

642 Siehe Zweiter Teil D.II.4., S.63ff.

643 Siehe Fünfter Teil A.I.4., S.120

644 Anders als bei Klein, Das Sparkassenwesen in Deutschland und Frankreich, S.320ff., wird das französische Model nicht insofern übertragen, als dass die kommunalen Sparkassen einheitlich einen Rechtsformwechsel vollziehen. Vielmehr soll es einer jeden Kommune überlassen sein, ob und wann sie freiwillig dahingehend vorgeht.

Wenn und soweit nämlich die Einzahlungen der vorgeschalteten Genossenschaft den Eigenkapitalbedarf der „Sparkassen eG" decken, könnte die Kommune im Gegenzug ihre Geschäftsanteile bei der „Sparkassen eG" nach und nach aufgeben oder ihre Mitgliedschaft in einem Schritt kündigen. Reduziert sich auf diese Weise die Notwendigkeit der kommunalen demokratischen Legitimation, könnten entsprechend auch die GmbHs als Mitglieder entfallen. Im Sinne des gezeichneten Konstrukts verblieben nach dem Ausscheiden der Kommune und der GmbHs als Mitglieder der ehemals kommunalen „Sparkasse eG" einerseits die Mitglieder des Vorstandes und des Aufsichtsrates als natürliche Personen und andererseits die vorgeschaltete Genossenschaft als juristische Person. In einem weiteren Schritt müsste die Kommune sich dann auch aus der von ihr zur Finanzierung der Privatisierung initiierten vorgeschalteten Genossenschaft zurückziehen, und darüber hinaus müssten die Mitglieder des Vorstandes und des Aufsichtsrates der „Sparkassen eG" Amt und Mitgliedschaft aufgeben. Die Organe der „Sparkassen eG" wären unter Berücksichtigung der Ausnahmeregelung des § 9 Abs.2 GenG durch Mitglieder der vorgeschalteten Genossenschaft zu besetzen, ohne dass diese Mitglieder der „Sparkassen eG" werden müssten. Die vorgeschaltete Genossenschaft wäre schließlich im Rahmen der Ausnahmeregelung des Umwandlungsrechts zur Mindestmitgliederzahl[645] das einzig verbliebene Mitglied der „Sparkassen eG" und dann mit der „Sparkassen eG" zu verschmelzen, da sich ihre Aufgabe als Kapitalsammelstelle erledigt hätte. Ihr Vermögen fiele infolge der eintretenden Konfusion[646] an die „Sparkassen eG", und die verbliebenen privaten Mitglieder der vorgeschalteten Genossenschaft wären infolge der Verschmelzung die neuen Mitglieder der ehemals kommunalen Sparkasse. Die ehemals kommunale Sparkasse wäre materiell privatisiert und die materiell privatisierte kommunale „Sparkassen eG" realisiert.

II. Vermögensübertragung

1. Eine Kreditgenossenschaft als Vertragspartner

Wählt ein Landesgesetzgeber im Gesetzgebungsverfahren zur Änderung des Landessparkassengesetzes die Vermögensübertragung[647] und nicht den Formwechsel als Umwandlungsverfahren, ermöglicht er eine Privatisierung kommunaler Sparkassen, indem diese ihr Vermögen als Ganzes unter Auflösung ohne Ab-

645 Siehe § 197 i.V.m. § 255 Abs.2 UmwG
646 Siehe § 20 Abs.1 Nr.1 UmwG
647 Siehe Fünfter Teil A.II.3.b., S.125

wicklung auf einen privaten Rechtsträger übertragen. Eine Gesamtrechtsnachfolge tritt ein.[648]

Handelt es sich bei dem übernehmenden Rechtsträger zur Realisierung der materiell privatisierten kommunalen „Sparkassen eG" um eine eingetragene Genossenschaft, so wird die Kommune als Trägerin der kommunalen Sparkasse im Gegenzug nicht wie beim Formwechsel Mitglied der Genossenschaft und erhält folglich auch keine Geschäftsanteile. Vielmehr erhält die Kommune eine Gegenleistung von der übernehmenden Genossenschaft. Auf diese Weise käme der Vermögenswert der kommunalen Sparkasse zur Auskehr, wenn sich die übernehmende Genossenschaft von vornherein in privater Hand befindet, und eine Vermögensprivatisierung wäre vollzogen. Um dann auch eine damit verbundene Aufgabenprivatisierung im Sinne einer materiellen Privatisierung im weiten Sinne zu gewährleisten, könnte als Gegenleistung zusätzlich vereinbart werden, dass die Genossenschaft sich des ursprünglich öffentlichen Auftrages der kommunalen Sparkasse annimmt.

Wenn es sich bei der übernehmenden Genossenschaft aber nicht um ein privates, sondern um ein kommunales Unternehmen handelt, ergibt sich vorab ein Zwischenschritt. In diesem Fall findet im Grunde zunächst einmal nur eine Organisationsprivatisierung der kommunalen Sparkasse statt, indem deren Vermögen und öffentlicher Auftrag nur formell privatisiert werden.[649] Erst wenn die kommunale Beteiligung an der übernehmenden Genossenschaft sukzessiv oder en bloc abgebaut wird, käme es auch zu einer materiellen Privatisierung der kommunalen Sparkasse. Auf die Ausführungen zum Formwechsel kann insoweit verwiesen werden.[650]

Der Zwischenschritt einer Organisationsprivatisierung erübrigt sich, wie gesagt, und es ist im Gegensatz zum Formwechsel eine gleichzeitige organisatorische und materielle Privatisierung einer kommunalen Sparkasse möglich, wenn die übernehmende Genossenschaft von vornherein von Privaten vorgehalten wird. Dabei wäre eine bereits bestehende Kreditgenossenschaft von Vorteil, zumal diese bereits einen laufenden Geschäftsbetrieb als Kreditinstitut und einen bestehenden Bestand an Eigenkapital aufweisen könnte.

Die Kreditgenossenschaft müsste sich zur Umsetzung der Vermögensübertragung mit der kommunalen Sparkasse vertraglich einigen.[651] Es ergäbe sich ein

648 Kallmeyer, Umwandlungsgesetz, § 174 UmwG Rn.1; Lutter, Umwandlungsgesetz, Einf. §174 UmwG Rn.2; Schmitt/Hörtnagl/Stratz, Umwandlungsgesetz/Umwandlungssteuergesetz, § 174 UmwG Rn.2

649 Siehe Zweiter Teil A.III.4., S.42f.

650 Siehe Fünfter Teil B.I.2., S.131f.

651 Siehe § 188 Abs.2 UmwG i.V.m. § 176 Abs.2 UmwG

Vertrag zu Gunsten Dritter,[652] nämlich der Kommune als Trägerin der kommunalen Sparkasse. Die Vorschriften des Umwandlungsgesetzes zum Umwandlungsverfahren der Verschmelzung wären grundsätzlich entsprechend anzuwenden.[653] An die Stelle des Umtauschverhältnisses der Geschäftsanteile würde die Angabe zu Art und Höhe der Gegenleistung treten.[654] Als Gegenleistung wäre ein angemessener wirtschaftlicher Vorteil für den Vermögenswert der kommunalen Sparkasse zu vereinbaren. Der wirtschaftliche Vorteil müsste nicht unbedingt in Geld bestehen.[655]

2. *Vertragsentwurf*

Ein Vertrag zur Vermögensübertragung zwischen einer kommunalen Sparkasse und einer Kreditgenossenschaft könnte grundsätzlich wie nachstehend formuliert sein. Vorab anzuführen ist, dass der Entwurf an die bestehenden Regelungen der Landessparkassengesetze zur Liquidation[656] anknüpft, soweit ein Genehmigungsvorbehalt vorgesehen ist. Des Weiteren bleiben Sparkassenbeamte[657] und die Übergangsregelungen bis zum vollständigen Wegfall der Gewährträgerhaftung[658] unberücksichtigt.

Vertragsentwurf zur Vermögensübertragung

Rubrum[659]

Zwischen der ____________ (Firma der kommunalen Sparkasse)
mit Sitz in ____________,
vertreten durch den Vorstand,

---

652 Schmitt/Hörtnagl/Stratz, Umwandlungsgesetz/Umwandlungsrecht, § 176 UmwG Rn.6

653 Schmitt/Hörtnagl/Stratz, Umwandlungsgesetz/Umwandlungssteuergesetz, § 188 UmwG Rn.1.

654 Siehe § 188 Abs.2 UmwG i.V.m. § 176 Abs.2, S.3 UmwG

655 Lutter, Umwandlungsgesetz, § 174 UmwG Rn.8

656 Siehe z.B. § 29 S.-A.SpkG; § 35 N.-W.SpkG;§ 1 Nds.SpkG; § 28 Saarl.SpkG

657 Sparkassenbeamte sind z.B. in § 12 Bay.SpkG nach wie vor vorgesehen. Auf diese wäre § 123 a BRRG bei dem vorliegenden Privatisierungsvorhaben nicht anwendbar, da keine Mehrheitsbeteiligung der öffentlichen Hand verbleibt.

658 Siehe Erster Teil D.II.1.c., S.33ff.

659 Siehe § 188 Abs.1u.Abs.2 UmwG i.V.m. § 176 Abs.2 UmwG i.V.m. § 5 Abs.1 Nr.1UmwG

und der _____________ (Firma der Kreditgenossenschaft)
mit Sitz in _____________,
vertreten durch den Vorstand,

wird vorbehaltlich der Genehmigung der Vertretungskörperschaft und der zuständigen Aufsichtsbehörden[660] *der _______________ (Firma der kommunalen Sparkasse) und der Genehmigung der General-/Vertreterversammlung*[661] *der _______________ (Firma der Kreditgenossenschaft) folgender Vertrag zur Vermögensübertragung geschlossen.*

§ 1 Zielsetzung[662]

Durch die Vermögensübertragung soll nachhaltig auf der Grundlage der Markt- und Wettbewerbsverhältnisse im Geschäftsgebiet der _______________ (Firma der kommunalen Sparkasse) der Wettbewerb gestärkt und eine angemessene und ausreichende Versorgung aller Bevölkerungskreise, insbesondere des Mittelstandes mit geld- und kreditwirtschaftlichen Leistungen sichergestellt werden. Darüber hinaus wird die Verbesserung der Leistungs- und Wettbewerbsfähigkeit und die langfristige Existenzsicherung der _______________ (Firma der Kreditgenossenschaft) angestrebt.

Die Vermögensübertragung fördert damit den Erwerb und die Wirtschaft der Mitglieder der _______________ (Firma der Kreditgenossenschaft).[663]

§ 2 Gesamtrechtsnachfolge[664]

Die beteiligten Rechtsträger gehen eine Vermögensübertragung ein. Hierbei ist die _______________ (Firma der kommunalen Sparkasse) der übertragende Rechtsträger und die _______________ (Firma der Kreditgenossenschaft) der übernehmende Rechtsträger.

Der übertragende Rechtsträger überträgt sein Vermögen als Ganzes einschließlich der Verbindlichkeiten gemäß § 20 Umwandlungsgesetz auf den über-

660 Siehe § 188 Abs.2 UmwG i.V.m. § 178 Abs.3 UmwG
661 Siehe § 188 Abs.1 UmwG i.V.m. § 82 Abs.1 UmwG i.V.m. § 13 Abs.1 UmwG
662 Freiwillige Angabe
663 Siehe Vierter Teil E.I., S.105f.
664 Siehe § 188 Abs.1 u.Abs.2 UmwG i.V.m. § 176 Abs.2 UmwG i.V.m. § 5 Abs.1 Nr.2 UmwG

nehmenden Rechtsträger im Wege der Gesamtrechtsnachfolge gegen Gewährung einer Gegenleistung gemäß § 3 dieses Vertrages.

§ 3 Gegenleistung[665]

Der übernehmende Rechtsträger gewährt der Trägerin des übertragenden Rechtsträgers, der _______________ (Name der Trägerin der kommunalen Sparkasse), als Gegenleistung einen Betrag in Höhe von

EURO _______________ (Betrag),
in Worten: _______________ EURO,

zahlbar bis zum _______________ (Datum).

§ 4 Firma[666]

Die Firma des übernehmenden Rechtsträgers soll nach der Vermögensübertragung _______________ (Firma unter Berücksichtigung der Bezeichnung „Sparkasse" und dem Zusatz „eG") lauten.[667]

§ 5 Stichtag der Vermögensübertragung[668]*/ Schlussbilanz*[669]

Alle Handlungen des übertragenden Rechtsträgers gelten ab dem _______________ (Tag nach dem Stichtag der Schlussbilanz) als für Rechnung des übernehmenden Rechtsträgers vorgenommen. Schlussbilanz für den übertragenden Rechtsträger ist die zum _______________ (Stichtag der Schlussbilanz) aufgestellte Bilanz.

---

665 Siehe § 188 Abs.2 UmwG i.V.m. § 176 Abs.2 S.3 UmwG i.V.m. § 5 Abs.1 Nr.3 UmwG

666 Freiwillige Angabe

667 Siehe Dritter Teil C.VII., S.83 u. Vierter Teil E.VIII., S.111f. § 40 KWG ist lex specialis gegenüber § 18 UmwG.- Siehe Szagunn, Gesetz über das Kreditwesen, §40 KWG Rn.4a

668 Siehe § 188 Abs.1 u.Abs.2 UmwG i.V.m. § 176 Abs.2 UmwG i.V.m. § 5 Abs.1 Nr.6 UmwG

669 Siehe § 188 Abs.3 UmwG i.V.m. §17 Abs.2 S.1 UmwG analog

§ 6 Besondere Vorteile[670]

Folgende besondere Vorteile werden gewährt: ______________ (Aufzählung der Vorteile unter Zuordnung der Begünstigten).

§ 7 Folgen für die Arbeitnehmer und den Personalrat[671]

Der übernehmende Rechtsträger tritt mit der Vermögensübertragung im Wege der Gesamtrechtsnachfolge als Arbeitgeber in alle Rechte und Pflichten der im Zeitpunkt der Vermögensübertragung bestehenden Arbeitsverhältnisse ein. Darüber hinaus ergeben sich für die Arbeitnehmer als weitere Folgen: ______________ (Aufzählung von Vor- bzw. Nachteilen)

Mit der Wirksamkeit der Vermögensübertragung erlischt der Personalrat des übertragenden Rechtsträgers, sofern die Betriebe zusammengelegt werden. Der Betriebsrat des übernehmenden Rechtsträgers nimmt ab diesem Zeitpunkt bis auf weiteres die Rechte nach dem Betriebsverfassungsgesetz auch für die Arbeitnehmer des übertragenden Rechtsträgers wahr. Der Personalrat des übertragenden Rechtsträgers bleibt mit Übergangsmandat bestehen, wenn die Betriebe der Rechtsträger nicht zusammengelegt werden.[672]

§ 8 Genehmigungen bzw. Beschlüsse zur Vermögensübertragung[673]

Die General-/Vertreterversammlung des übernehmenden Rechtsträgers zur Beschlussfassung über die Vermögensübertragung soll bis zum ______________ (Datum) stattfinden und die Genehmigung der Vertretungskörperschaft und der zuständigen Aufsichtsbehörden des übertragenden Rechtsträgers sollen bis zum ______________ (Datum) vorliegen.

Der übernehmende Rechtsträger verpflichtet sich, in der vorstehend genannten General-/Vertreterversammlung die sich aus diesem Vermögensübertragungsvertrag ergebenden Satzungsänderungen herbeizuführen, insbesondere die

---

670 Siehe § 188 Abs.1 u.Abs.2 UmwG i.V.m. § 176 Abs.2 UmwG i.V.m. § 5 Abs.1 Nr.8 UmwG

671 Siehe § 188 Abs.1 u.Abs.2 UmwG i.V.m. § 176 Abs.2 UmwG i.V.m. § 5 Abs.1 Nr.9 UmwG

672 § 21a BetrVG analog, so auch Schipp, Arbeitsrecht und Privatisierung, S.174f.; a.A. Boecken, Unternehmensumwandlungen und Arbeitsrecht, S.241f.

673 Freiwillige Angabe

Aufgabenstellung des öffentlichen Auftrages des übertragenden Rechtsträgers als Unternehmenszweck weitestgehend zu berücksichtigen.[674]

§ 9 Beteiligungen[675]

Der übernehmende Rechtsträger verpflichtet sich, die Beteiligungen des übertragenden Rechtsträgers weitestgehend zu übernehmen. Die gewachsene Geschäftsverbindung des übertragenden Rechtsträgers mit der Sparkassen-Finanzgruppe soll fortgeführt und ausgebaut werden.[676]

§ 10 Sonstiges[677]

Weitere im Zusammenhang mit der Vermögensübertragung auftretende Fragen sind unter dem Gesichtspunkt zu regeln, dass der vergrößerte übernehmende Rechtsträger in einem genossenschaftlichen Rahmen tätig ist. Unklarheiten und Zweifel bei der Auslegung bzw. der Anwendung dieses Vertrages werden unter Einschaltung des gesetzlichen Prüfungsverbandes des übernehmenden Rechtsträgers sowie der zuständigen Aufsichtsbehörden des übertragenden Rechtsträgers behoben. Sollte eine Bestimmung dieses Vertrages unwirksam oder nicht durchführbar sein, wird die Wirksamkeit des Vertrages im Übrigen hiervon nicht berührt. Die Vertragsparteien werden die einschlägige Bestimmung durch eine Regelung ersetzen, die dem Gewollten entspricht und dem Inhalt der zu ersetzenden Bestimmung möglichst nahe kommt.

Ort/ Datum/
Firma des jeweiligen Rechtsträgers
Unterschrift der jeweiligen gesetzlichen Vertreter

C. Zur nachhaltigen Wahrung sparkassenspezifischer Kennzeichen, insbesondere der Aufgabenstellung des öffentlichen Auftrages

Auch wenn ein Landesgesetzgeber zur Realisierung der materiell privatisierten kommunalen „Sparkassen eG" eines der vorgestellten Umwandlungsverfahren den Kommunen zur Verfügung gestellt hat, ist damit noch nicht sichergestellt,

674 Siehe insbesondere § 1 des Vertrages nebst Fn.663, S.136
675 Freiwillige Angabe
676 Siehe Vierter Teil E.VII., S.110f.
677 Freiwillige Angabe

dass eine an sich materiell privatisierte kommunale „Sparkassen eG“ auch in Zukunft den ursprünglich öffentlichen Auftrag der kommunalen Sparkasse und ihr anvertraute weitere sparkassenspezifische Wesensmerkmale wahrt. Dahingehende Satzungsregelungen könnten in der nächstmöglichen General-/Vertreterversammlung der Genossenschaft aufgehoben werden. Allein die Vermögensprivatisierung hätte dann noch Bestand.

Eine solche Entwicklung kann auch nicht vermieden werden, indem bestimmte Satzungsänderungen von der Zustimmung der Kommune als ehemaliger Trägerin der kommunalen Sparkasse abhängig gemacht werden. Das Genossenschaftsrecht lässt eine solche Gestaltung nicht zu.[678] Möglich wäre eine schuldrechtliche Vereinbarung, die die materiell privatisierte kommunale „Sparkassen eG“ auf den ursprünglich öffentlichen Auftrag der kommunalen Sparkasse und weitere sparkassenspezifische Wesensmerkmale verpflichtet. Gleichwohl ist abzusehen, dass früher oder später eine Diskussion der Vertragspartner darüber entsteht, ob die schuldrechtliche Vereinbarung eingehalten wird.

Eine vergleichbare Problemstellung ist in dem bereits vorstehend näher betrachteten § 40 Abs.1 Nr.3 KWG[679] gesetzlich reglementiert. In der Vorschrift des Kreditwesengesetzes heißt es sinngemäß, dass die derzeitigen freien Sparkassen die Bezeichnung „Sparkasse“ trotz einer Neugründung infolge einer Umwandlung beibehalten können, wenn und solange sie in ihrer Satzung bestimmte sparkassenspezifische Merkmale aufweisen. Sobald sie auf eine der einschlägigen Satzungsregelungen verzichten, müssen sie die Bezeichnung „Sparkasse“ aufgeben. Die für die Bezeichnung „Sparkasse“ zuständige Bundesanstalt für Finanzdienstleistungsaufsicht wacht über den Bestand und die Beachtung dieser Satzungsregelungen.[680]

Es bietet sich an, diese ohnehin stattfindende Überwachung durch die Bundesanstalt für Finanzdienstleistungsaufsicht auch zur nachhaltigen Wahrung sparkassenspezifischer Kennzeichen für das hier gegenständliche Privatisierungsvorhaben zu nutzen und die Regelung des § 40 Abs.1 Nr.3 KWG auf den Fall der materiell privatisierten kommunalen „Sparkassen eG“ zu erweitern.

Wenn also der Bundesgesetzgeber für eine Realisierung der materiell privatisierten kommunalen „Sparkassen eG“ § 40 KWG dahingehend ändert, dass selbiger die Möglichkeit verbleibt, die Bezeichnung „Sparkasse“ beizubehalten, könnte die Möglichkeit an die Bedingung geknüpft werden, dass der ursprünglich öffentliche Auftrag und weitere Wesensmerkmale kommunaler Sparkassen von

678 Beuthien, Genossenschaftsgesetz, § 16 GenG Rn.4; Hettrich/Pöhlmann, Genossenschaftsgesetz, § 16 GenG Rn.1; Müller, Genossenschaftsgesetz, § 16 GenG Rn.14

679 Siehe Fünfter Teil A.II.1.a., S.121f.

680 Siehe § 42 KWG

der materiell privatisierten kommunalen „Sparkassen eG" berücksichtigt werden.[681] Durch einen Verweis auf die Sparkassengesetze der Länder wäre es sogar möglich, fortwährend auf die länderspezifischen Besonderheiten der kommunalen Sparkassen abzustellen. Im Ergebnis müsste sich die Kommune als ehemalige Trägerin der materiell privatisierten kommunalen „Sparkassen eG" weder mit einer schuldrechtlichen Vereinbarung noch mit Satzungsregelungen der Genossenschaft auseinandersetzen. Die Kontrollfunktion nähme die Bundesanstalt für Finanzdienstleistungsaufsicht im Rahmen des Bezeichnungsschutzes gem. § 42 KWG wahr.

D. Gesetzestexte im Entwurf

Die vorstehenden Ausführungen insgesamt haben gezeigt, dass die Realisierung der materiell privatisierten kommunalen „Sparkassen eG" bestimmte Essentialia vorgibt und im Übrigen sowohl hinsichtlich des Umwandlungsverfahrens als auch der Wahrung weiterer sparkassenspezifischer Kennzeichen auf unterschiedliche Art und Weise erfolgen kann. Zur Formulierung konkreter Gesetzestexte bedarf es vorab einer Auswahl unter diesen Möglichkeiten, so wie die jeweiligen Gesetzgeber vorab eine Auswahl treffen müssten.

I. Entwurf zur Novellierung der Landessparkassengesetze

Hinsichtlich des von den Landesgesetzgebern in den Sparkassengesetzen zu bestimmenden Umwandlungsverfahrens ist es naheliegend, die Vermögensübertragung als Umwandlungsverfahren zu wählen, da die Vermögensübertragung bereits in der geltenden Fassung Anstalten des öffentlichen Rechts zumindest mittelbar berücksichtigt und im Gegensatz zum Formwechsel eine gleichzeitige organisatorische und materielle Privatisierung ermöglicht, ohne die organisatorische Privatisierung als Zwischenschritt vorzusehen.

Der zu beschließende Gesetzestext könnte wie folgt lauten:

„Die Sparkassen können umgewandelt werden durch eine Vermögensübertragung entsprechend § 188 UmwG unter Berücksichtigung eines Kreditinstitutes als übernehmenden Rechtsträger, das in der Rechtsform einer eingetragenen Genossenschaft betrieben wird und einem Prüfungsverband angehört. Über die Umwandlung beschließt die Vertretungskörperschaft des Trägers der Sparkasse

---

681 Oebbecke, VerwArch 2002, 294, verweist in diesem Sinne ganz allgemein auf § 40 Abs. 1 Nr. 3 KWG als Anknüpfungspunkt.

nach Anhörung oder auf Antrag des Verwaltungsrates. Die Umwandlung bedarf der Genehmigung bzw. des Einvernehmens der zuständigen Aufsichtsbehörden wie im Fall der Liquidation einer Sparkasse."[682/683]

II. Entwurf zur Novellierung des § 40 KWG

Die sparkassenspezifischen Kennzeichen, die über den öffentlichen Auftrag und die Bezeichnung „Sparkasse" hinaus im Rahmen einer Realisierung der materiell privatisierten kommunalen „Sparkassen eG" zur Auswahl stehen, würde der Bundesgesetzgeber bestimmen, wenn der Bezeichnungsschutz, wie vorgeschlagen, mit der Wahrung der sparkassenspezifischen Kennzeichen verknüpft wird. Dem Bundesgesetzgeber wäre es ohnehin unbenommen, derart Einfluss auf die organisatorische Gestaltung der materiell privatisierten kommunalen „Sparkassen eG" zu nehmen, denn die Gesetzgebungskompetenz der Länder zum Sparkassenorganisationsrecht fände keine Anwendung mehr. Weder würde es sich bei den so materiell privatisierten kommunalen Sparkassen um Anstalten des öffentlichen Rechts handeln, noch unterfielen sie dem kommunalen Wirtschaftsrecht. Es verbliebe bei der konkurrierenden Gesetzgebungskompetenz des Bundes zum Wirtschaftsrecht nach Art.74 Abs.1 Nr.11 GG.

In Anbetracht dessen könnte der Bundesgesetzgeber von den sparkassenspezifischen Kennzeichen neben der Aufgabenstellung des öffentlichen Auftrages beispielhaft zunächst einmal nur das Regionalprinzip wie in § 40 Abs.1 Nr.3 KWG berücksichtigen und der zu beschließende Gesetzestext lauten wie folgt:

(Die Bezeichnung „Sparkasse" können beibehalten:) „....*Kreditinstitute, die in der Rechtsform der eingetragenen Genossenschaft betrieben werden, einem Prüfungsverband angehören und übernehmende Rechtsträger im Rahmen einer Umwandlung eines öffentlich-rechtlichen Kreditinstitutes waren, solange sie auf Grund ihrer Satzung die wesentliche Geschäftstätigkeit auf den Wirtschaftsraum ihres Sitzes beschränken und auf Grund ihrer Satzung die Aufgabenstellung des öffentlichen Auftrages der öffentlich-rechtlichen Sparkassen des Bundeslandes ihres Sitzes wahrnehmen.*"

682 Siehe zur Umschreibung des übernehmenden Rechtsträgers § 39 Abs.2 KWG

683 Siehe zur Genehmigung bzw. zum Einvernehmen im Fall der Liquidation z.B. § 29 S.-A.SpkG; § 35 N.-W.SpkG; § 1 Nds.SpkG; § 28 Saarl.-SpkG

Sechster Teil: Ausblick unter Berücksichtigung des Wettbewerbsrechts

Gegen einen Zusammenschluss kommunaler Sparkassen mit Kreditgenossenschaften, wie er vorstehend aufgezeigt wurde, wird regelmäßig argumentiert, dass in vielen Fällen die Konkurrenz vor Ort wegfalle und eine Einschränkung des kreditwirtschaftlichen Wettbewerbs eintrete.[684]

Um diesen Bedenken zu begegnen, ist auf das Wettbewerbsrecht zu verweisen,[685] insbesondere auf die Zusammenschlusskontrolle des europäischen und nationalen Wettbewerbsrechts.[686]

A. Die wettbewerbsrechtliche Zusammenschlusskontrolle

Mittels der Zusammenschlusskontrolle wendet sich das jeweilige Wettbewerbsrecht gegen unerwünschte Konzentrationen wirtschaftlicher Macht durch externes Unternehmenswachstum.[687] Voraussetzung für die Anwendung der Zusammenschlusskontrolle ist die Erfüllung sogenannter Aufgreifkriterien.[688]

Zu den Aufgreifkriterien gehören sowohl nach dem Recht der Europäischen Union als auch nach dem nationalen Gesetz gegen Wettbewerbsbeschränkungen Umsatzerlösschwellen.[689] Nur wenn die Umsätze der an einem Zusammenschluss beteiligten Unternehmen einen bestimmten Umfang überschreiten, findet eine Überprüfung statt.[690] Nach den Vorgaben der EU-Fusionskontrolle liegt die Umsatzerlösschwelle bei einer weltweiten Betrachtung der Umsätze der an einem Zusammenschluss beteiligten Unternehmen bei zumindest 2,5 Mrd. Euro.[691] Für die nationale Fusionskontrolle gilt insoweit ein Wert von zumindest 0,5 Mrd. Euro.[692]

---

684 Siehe insofern: Berndt, Kreditwesen 2002, 732; Beuthien, WM 2003, 1885; Gröschel, Sparkasse 1992, 525; Klein, Das Sparkassenwesen in Deutschland und Frankreich, S.438; Klein, Die Privatisierung der Sparkassen und Landesbanken, S.207

685 Blume, Sparkassen im Spannungsfeld, S.165

686 Siehe Verordnung (EWG) Nr.4046/89; §§ 35ff. GWB

687 Burkhardt, Kartellrecht, S.166

688 Siehe Art.1 u. Art.3 Verordnung (EWG) Nr.4046/89; § 35 GWB

689 Siehe Art.1 Abs.2 u. Abs.3 Verordnung (EWG) Nr.4046/89; § 35 Abs.1 GWB

690 Schröer, Handbuch zum deutschen und europäischen Kartellrecht, S.416, S.464

691 Siehe Fn. 689

692 Siehe Fn. 689

Um festzustellen, ob Kreditinstitute die Umsatzerlösschwellen überschreiten, sind vorab deren Umsatzerlöse nach einem besonderen, auf europäischer und nationaler Ebene einheitlichen Maßstab zu bestimmen.[693] Als Umsatzerlöse sind danach deren Zinserträge, laufende Erträge aus Aktien und anderen nicht fest verzinslichen Wertpapieren, Beteiligungen, Anteilen an verbundenen Unternehmen, Provisionserträge, Nettoerträge aus Finanzgeschäften und sonstige betriebliche Erträge zu berücksichtigen.[694]

Wird dieser Maßstab auf Kreditgenossenschaften und deren Zahlen per 31.12.2002 angewandt, ergeben Beispielfälle, dass die ermittelten Umsatzerlöse rd. 7 % der Bilanzsumme einer Kreditgenossenschaft ausmachen.[695] Verallgemeinert hätte das zur Folge, dass eine Kreditgenossenschaft eine Bilanzsumme von 3,7 Mrd. Euro ausweisen müsste, um einen auf die Umsatzerlösschwelle anzurechnenden Umsatz von 250 Mio. Euro zu haben. Von den 1.489 Kreditgenossenschaften haben aber nur 75 eine Bilanzsumme von über 1 Mrd. Euro. Zumindest die übrigen rd. 95% ständen also für einen Zusammenschluss mit einem gleichstarken Partner zur Verfügung, ohne dass beide Unternehmen zusammen die im Verhältnis zur Fusionskontrolle nach europäischem Recht niedrigere Umsatzerlösschwelle der nationalen Fusionskontrolle von 0,5 Mrd. Euro überschritten.[696]

Vergleichbar ist die Situation bei den kommunalen Sparkassen. Auch bei den kommunalen Sparkassen ergibt der Maßstab zur Ermittlung der Umsatzerlösschwellen bei Beispielfällen Umsatzerlöse von rd. 7% der Bilanzsumme.[697] Auf Seiten der 519 kommunalen Sparkassen per 31.12.2002 ständen damit für einen Zusammenschluss mit einem gleichstarken Partner, ohne dass beide Unternehmen insgesamt die geringere Umsatzerlösschwelle der nationalen Fusionskontrolle von 0,5 Mrd. Euro erreichten, zumindest die 210 Institute mit einem Geschäftsvolumen unter 1 Mrd. Euro zur Verfügung. Hinzu käme eine Vielzahl der 270 kommunalen Sparkassen, die ein Geschäftsvolumen von unter 5 Mrd. Euro aufweisen.[698]

---

693 Bechthold, GWB, § 38 GWB Rn.7

694 Siehe Verordnung (EWG) 4064/89; § 38 Abs.4 GWB

695 Eigenständige Berechung unter Berücksichtigung der Jahresabschlüsse 2002 der Raiffeisenbank eG, Kaltenkirchen; Volksbank Lübeck-Landbank von 1902 eG, Lübeck; VR Bank eG, Niebüll

696 Eigenständige Berechnung unter Berücksichtigung des Jahresberichtes 2002 des Bundesverbandes deutscher Volks- und Raiffeisenbanken, S.105

697 Eigenständige Berechnung unter Berücksichtigung der Jahresabschlüsse 2002 der Sparkasse Emsland, der Sparkasse Nienburg und der Sparkasse Stade-Altes Land

698 Eigenständige Berechung unter Berücksichtigung der Zahlen und Fakten zum Jahresbericht 2002 des Deutschen Sparkassen- und Giroverbandes, Teil A Tabelle 3, veröffentlicht unter www.dsgv.de

In Anbetracht dessen ist zu erwarten, dass der Zusammenschluss einer kommunalen Sparkasse mit einer Kreditgenossenschaft im Rahmen einer Realisierung der materiell privatisierten kommunalen „Sparkassen eG“ regelmäßig nicht damit verbunden ist, dass die als Aufgreifkriterium erheblichen Umsatzerlösschwellen einschlägig sind und eine wettbewerbsrechtliche Zusammenschlusskontrolle Anwendung findet, weder nach europäischem noch nach nationalem Recht.

B. Die wettbewerbsrechtliche Missbrauchsaufsicht über marktbeherrschende Unternehmen

Es verbleibt dann bei den Bestimmungen des Wettbewerbsrechts im Übrigen,[699] hier wiederum insbesondere bei den Regelungen zur Missbrauchsaufsicht über marktbeherrschende Unternehmen.

Die missbräuchliche Ausnutzung einer marktbeherrschenden Stellung wäre einer materiell privatisierten kommunalen „Sparkassen eG“ sowohl nach Art. 82 EGV als auch den §§ 19ff. GWB verboten. Durch die Verbote und die damit verbundenen Sanktionen[700] sollen Verhaltensweisen von Unternehmen unterbunden werden, die ihnen allein infolge ihrer Marktmacht und wegen des fehlenden Wettbewerbs möglich sind.[701] Auch der Missbrauch von Preisen und Konditionen fällt unter diese Aufsicht.[702] So kann beispielsweise mittels der Missbrauchsaufsicht unterbunden werden, dass Sparguthaben mit gesetzlicher Kündigungsfrist zu niedrig verzinst werden.[703] Maßstab sind dabei insbesondere die Verhaltensweisen von Unternehmen auf vergleichbaren Märkten mit wirksamem Wettbewerb.[704]

C. Fazit

Das Beispiel der Missbrauchsaufsicht über marktbeherrschende Unternehmen und die aufgezeigte Fusionskontrolle machen deutlich, dass es also nicht genügt, pauschal wettbewerbsrechtliche Bedenken gegen einen Zusammenschluss kommunaler Sparkassen und Kreditgenossenschaften vorzutragen. Es dürfte vielmehr

---

699 So im Ergebnis auch Gerke, Handelsblatt vom 7.12.1998, 23
700 Siehe z.B. §§ 32, 33, 81 GWB
701 Wallenberg, Kartellrecht, S.81
702 Siehe Art.82 Satz 2 EGV; § 19 Abs.4 Nr.2 GWB
703 Siehe insofern Tätigkeitsbericht des BKartA 1991/92,BT-Drs. 12/5200, S.136f.
704 Siehe § 19 Abs.4 Nr.2, 2.Halbsatz GWB

auf den Einzelfall abzustellen sein, um dahingehend substantiiert ausführen zu können.

Auch aus wettbewerbsrechtlicher Sicht bestätigt sich damit der Gesamteindruck, dass es eher eine Frage des Wollens und nicht eine Frage des Könnens ist, ob kommunale Sparkassen und Kreditgenossenschaften zueinander finden.[705] De lege ferenda jedenfalls wäre die materielle Privatisierung kommunaler Sparkassen unter besonderer Berücksichtigung der Rechtsform der eingetragenen Genossenschaft, wie aufgezeigt, möglich.

705 Auch Ipsen, Niedersächsisches Kommunalrecht, S.265 stellt zur Frage des Könnens oder Sollens einer Privatisierung kommunaler Sparkassen fest, dass es sich ausschließlich um eine rechtspolitische Fragestellung handelt.

Literaturverzeichnis

Albach, Horst/Witte, Eberhard: Privatisierung von öffentlichen Unternehmen, – Unternehmenstheorie und praktische Erfahrungen, ZfB-Ergänzungsheft 3/2002, VII

Arndt, Hans-Wolfgang: Wirtschaftsverwaltungsrecht, in: Besonderes Verwaltungsrecht, Hrsg. Udo Steiner, 6.Auflage, Heidelberg 1999, 783

Arnim, Herbert von: Rechtsfragen der Privatisierung – Grenzen staatlicher Wirtschaftstätigkeit und Privatisierungsgebote, Hrsg. Karl-Bräuer-Institut des Bundes der Steuerzahler, Heft 82, Wiesbaden 1995

Babo, Ulrich von: Sparkassen und Steuerprivilegien, Köln 1991

Badura, Peter: Wirtschaftsverwaltungsrecht, in: Besonderes Verwaltungsrecht, Hrsg. Eberhard Schmidt-Aßmann, 11.Auflage, Berlin-New York 1999, 219

Baßeler, Ulrich/Heinrich, Jürgen: Grundlagen und Probleme der Volkswirtschaft, 16. Auflage, Stuttgart 2001

Bauer, Heinrich: Die Genossenschaft – Recht und Praxis-, Wiesbaden 1999

Baumann, Horst/Falkenstein, Lorenz: Die Volksbanken und Raiffeisenbanken, Frankfurt a.M. 1976

Bechtold, Rainer: Kartellgesetz/Gesetz gegen Wettbewerbs-Beschränkungen, Kommentar, 2. Auflage, München 1999

Bereska, Christian: Minderheitenschutz durch Klage in Genossenschaften, Münster 1990

Berger, Klaus: Sparkassengesetz für das Land Niedersachsen, Kommentar, München 2000

Berndt, Holger: Der Verbund Sparkassen-Finanzgruppe: Bewährte Prinzipien und neue Herausforderungen, ZögU Beiheft 27/2001, 5

—: Eckpunkte für die Weiterentwicklung der Sparkassen und Landesbanken, Kreditwesen 2002, 730

Beuthien, Volker: Genossenschaftsrecht: woher – wohin?: Hundert Jahre Genossenschaftsgesetz 1889 - 1989, Göttingen 1990

—: Genossenschaftsgesetz mit Umwandlungsrecht, Kommentar, 13.Auflage, München 2000

—: Inwieweit können Sparkassen und Genossenschaftsbanken zusammenwirken?, WM 2003, 1881

Bialek, Axel: Perspektiven der Genossenschaft als Organisationsform, Berlin 1995

Blankenburg, Götz: Die Politökonomie der Sparkassenprivatisierung, Wirtschaftsdienst 2000, 45
Blume, Heiko Hubertus: Sparkassen im Spannungsfeld zwischen öffentlichem Auftrag und kreditwirtschaftlichem Wettbewerb – Eine Untersuchung am Beispiel des niedersächsischen Sparkassenrechts, Baden-Baden 2000
Boecken, Winfried: Unternehmensumwandlungen und Arbeitsrecht, Köln 1996
Böttcher, Conrad/Zartmann, Hugo/Kandler, Götz: Wechsel der Unternehmensform, 4. Auflage, Stuttgart-Wiesbaden 1982
Bohling, Wolfgang: Sparkassenorganisation und Wirtschaftslenkung, Zugleich ein Beitrag zum öffentlichen Auftrag der kommunalen Sparkassen und Girozentralen als Unternehmen der mittelbaren Staatsverwaltung, Stuttgart 1978
Brandt, Hans-Dieter: Wem gehören die Sparkassen?, Sparkasse 1993, 54
Brixner, Ulrich: DZ Bank als verbundorientierte Zentralbank, Kreditwesen 2001, 1058
Brümmerhof, Dieter/Lehman, Erik: Öffentlich-rechtliche Sparkassen oder wie gemeinnützig ist der öffentliche Auftrag?, ZögU 2000, 131
Brzsoka, Thomas: Die öffentlich-rechtlichen Sparkassen zwischen Staat und Kommunen – Zum Standort der Sparkassen unter besonderer Berücksichtigung des sparkassentypischen Regionalprinzips, Berlin 1976
Bucher, Annegret: Privatisierung von Bundesfernstraßen, Berlin 1996
Bundesministerium: Unser Bankwesen, Bonn 1996 der Finanzen
—: Beteiligungsbericht 2002, Berlin 2003
Bundesverband der Deutschen Volksbanken und Raiffeisenbanken e.V.: Jahresbericht 2001 – Wir bündeln Kräfte – Wege 2001, Berlin 2002
—: Jahresbericht 2002 – Wir bündeln Kräfte – Wege 2002, Berlin 2003
Burkhardt, Jürgen: Kartellrecht – Gesetz gegen Wettbewerbsbeschränkungen (GWB)/Europäisches Kartellrecht , München 1995
Burmeister, Joachim: Die Sparkassen zwischen öffentlicher Aufgabe und kreditwirtschaftlichem Wettbewerb, in: Sparkassen im Wandel – 3. Bad Iburger Gespräche – Symposium des Instituts für Kommunalrecht der Universität Osnabrück am 21. Oktober 1992, Hrsg. Jörn Ipsen, Köln-Berlin-Bonn-München 1993, 23
Claussen, Bernd: Teilprivatisierung kommunaler Sparkassen? – Ökonomische und rechtliche Rahmenbedingungen für eine Beteiligung Privater an den kommunalen Kreditinstituten, Baden-Baden 1990
Claussen, Carsten Peter: Gesellschaftsrecht und Sparkassenrecht, in: Festschrift für Ernst Steindorff, Berlin-New York 1990. 323
Collofong, K.E.: Gedanken zur Aufsicht im Sparkassenwesen, Sparkasse 1950, 113

Cox, Helmut: Kommunale Sparkassen privatisieren? Bemerkungen aus ordnungs- und wettbewerbs-politischer Sicht, Kredit und Kapital 1994, 235
Däubler, Wolfgang: Privatisierung als Rechtsproblem, Neuwied-Darmstadt 1980
Deka Bank/Deutsche Girozentrale: Unternehmensporträt, Frankfurt a.M. 2003
Dennig, Ulrike: Plädoyer für die Umwandlung von Sparkassen in Privatbanken, Wirtschaftsdienst 1990, 529
—: Landesbanken unter Privatisierungszwängen, Wirtschaftsdienst 1995, 210
Deutsche Bundesbank: Bankenstatistik August 2003, Statistisches Beiheft zum Monatsbericht
Deutscher Genossenschafts- und Raiffeisenverband e.V.: Zahlen und Fakten der genossenschaftlichen Banken, Waren- und Dienstleistungsgenossenschaften, Wiesbaden 2003
—: Geschäftsbericht 2002, Berlin 2003
Deutscher Sparkassen- und Giroverband e.V.: Jahresbericht 2001 – Märkte, Regionen u. Anlagen, Berlin-Bonn 2002
—: Jahresbericht 2002 – Märkte, Regionen u. Anlagen, Berlin-Bonn 2003
Dick, Adalbert: Die Verflechtung zwischen Sparkassen und Girozentralen, Berlin 1959
Dülfer, Eberhard/Kramer, Jost W.: Schwachstellenanalyse und Frühwarnsysteme bei Genossenschaftsbanken, Göttingen 1991
Dülp, Heinrich: Kann es Anstalten ohne Anstaltslast geben?, Kreditwesen 2002, 207
Ehlers, Dirk: Die wirtschaftliche Betätigung der öffentlichen Hand in der Bundesrepublik Deutschland, JZ 1990, 1089
Eichhorn, Peter: Privatisierung von Sparkassen: Wachsende Bankenmacht, Kreditwesen 1992, 1129
Fischer, Reinfrid: Anpassungen im Geschäftsrecht der Sparkassen, Sparkasse 1979, 37
—: Bankrecht, Köln 1989
—: Privates Kapital für kommunale Sparkassen, das rathaus 1989, 526
—: Sparkassenstruktur und Privatisierung, Sparkasse 1992, 567
—: Struktur und Strukturänderungen der Sparkassenorganisation, in: Sparkassen im Wandel – 3. Bad Iburger Gespräche – Symposium des Instituts für Kommunalrecht der Universität Osnabrück am 21. Oktober 1992, Hrsg. Jörn Ipsen, Köln-Berlin-Bonn-München 1993, 133
Fischer-Abt, Stefanie: Die öffentliche Aufgabe der Sparkassen nach niedersächsischem Recht, Diss. Osnabrück 1997
Fries, Christa: Die Gestaltung der Sparkassen-Privatstiftung, ÖBA 1999, 359

Frick, Heinrich: Die Staatsaufsicht über die kommunalen Sparkassen: die Sparkassen als Selbstverwaltungsträger und ihr Verhältnis zum Staat in der Bundesrepublik Deutschland, Berlin 1962
Geiger, Helmut: Sparkassen bereit zur Zukunft, Sparkasse 1987, 326
—: Die deutsche Sparkassenorganisation, Bayreuth 1992
—: Die Zukunft eines Netzes kommunaler Sparkassen, Sparkasse 1992, 454
Geiger, Walter: Neugestaltung des ostdeutschen Sparkassenwesens 1990 bis 1995, Stuttgart 1998
Geise, Wolfgang: Sparkassen-Finanzgruppe und Allfinanz, Sparkasse 1993, 56
Geist, Herbert: Die finanzielle Beteiligung des Genossen an der eingetragenen Genossenschaft, Göttingen 1981
Georgi, Hanspeter: Gedanken zur (Neu-) Gestaltung des Sparkassenrechts im Saarland, Kreditwesen 2002, 745
Gerick, Andre: Die Beteiligung der Sparkassen und Giroverbände an den Landesbanken, Diss. Berlin 1996
Gerke, Wolfgang: Fusion von Sparkasse und Volksbank ist (noch) ein Tabu, Handelsblatt vom 7.12.1998, 23
Gern, Alfons: Deutsches Kommunalrecht, Baden-Baden 1994
Gerstenmaier, Volker: Zukunftsperspektiven der Kredit-Genossenschaften: unter besonderer Berücksichtigung der Mitgliederförderung, Frankfurt a.M.-Berlin-Bern-New York-Paris-Wien 1992
Gesellschaft für Öffentliche Wirtschaft (Hrsg.): Sparkassen und Landesbanken in der Wettbewerbs- und Privatisierungsdiskussion – Stellungnahme des Wissenschaftlichen Beirats der Gesellschaft für öffentliche Wirtschaft, Beiträge zur öffentlichen Wirtschaft 17, Berlin 1998
Glaser, Ewald Franz: Kreditgenossenschaften mit Warenverkehr – Ihre gegenwärtige und zukünftige Bedeutung im Verbandsgebiet Württemberg, Diss. Hohenheim 1985
Glatzner, Ludwig: Organisationsformspezifische Mitgliederbindung in Bankgenossenschaften, Stuttgart-Hohenheim 1990
Glenk, Hartmut: Die eingetragene Genossenschaft, München 1996
Gleske, Christoph: Wettbewerb öffentlicher und privater Kreditinstitute in Deutschland – Rechtsgrundlagen und Rechtsentwicklungen, Baden-Baden 1996
Grabbe, Jürgen: Verfassungsrechtliche Grenzen der Privatisierung kommunaler Aufgaben, Berlin 1979
Gramm, Christof: Privatisierung und notwendige Staatsaufgaben, Berlin 2001
Görgmaier, Dietmar: Möglichkeiten und Grenzen der Entstaatlichung öffentlicher Aufgaben, DÖV 1977, 356

Goutier, Klaus/Knopf, Rüdiger/Tulloch, Anthony: Kommentar zum Umwandlungsrecht, Heidelberg 1996

Gramlich, Ludwig/Grill, Wolfgang/Egger, Uwe-Peter u.a.: Gabler-Bank-Lexikon L-Z, 11. Auflage, Wiesbaden 1995

Gröschel, Ulrich: Wettbewerbspolitische Aspekte einer Privatisierung von Sparkassen, Sparkasse 1992, 519

—: Strukturen und Entwicklungstendenzen im italienischen Bankensystem, Sparkasse 1992, 190

Günther, Hans-Georg: Rekommunalisierung der Sparkassenorganisation in den neuen Bundesländern – neue Wege oder alte Strukturen?, in: Sparen – Investieren – Finanzieren / Gedenkschrift für Josef Wysocki, Hrsg. Manfred Pix, Stuttgart 1997, 277

Habeck, Inka: Sparkassen als Universalbanken?, Frankfurt a.M.-Berlin-Bern-Bruxelles-New York-Oxford-Wien 2001

Hafke, Heinz Christian: “Freie” und öffentlich-rechtliche Sparkassen, Kreditwesen 1988, 174

Hagemeister, Adrian v.: Die Privatisierung öffentlicher Aufgaben: Eine verfassungs- und verwaltungsrechtliche Abhandlung unter Zugrundelegung des Verfassungs- und Verwaltungsrechts der Republik Österreich und der Bundesrepublik Deutschland, München 1992

Hahn, Oswald: Öffentlich-rechtliche Kreditinstitute: Notwendig, doch nicht frei von Schwächen, Sparkasse 1978, 105

Haller, Hubertus: Entwicklung und Wesen der Staatsaufsicht über die kommunalen Sparkassen unter besonderer Berücksichtigung der verfassungsrechtlichen Grenzen der Bundesaufsicht, Diss. Würzburg 1970

Hanel, Alfred: Genossenschaftsverbund, Konzentration und vertikale Integration, in: Genossenschaftliche Selbsthilfe und struktureller Wandel, Hrsg. Marburg Consult für Selbshilfeförderung eG, Marburg 1992, 218

Hanel, Tanja: Prozessuale Beratung im kreditgenossenschaftlichen Finanzverbund, Karlsruhe 1998

Haumer, Hans: Die Neuordnung des österreichischen Sparkassensektors, Kreditwesen 1994, 480

Heckt, Joachim G.: Fusion von Primärgenossenschaften – Analyse einer Konfliktsituation und Ansätze zu ihrer Lösung, Tübingen 1980

Hedrich, Carl-Christoph: Die Privatisierung der Sparkassen – Ein Beitrag zu den institutionellen Problemen der Deregulierung, Baden-Baden 1993

Hefermehl, Wolfgang: Wettbewerbsrecht, Kommentar, 20.Auflage, München 1998

Heide, Hans-Jürgen von der: Kommunale Unternehmen im Spannungsfeld der Privatisierungsdiskussion – Die Kernfrage: Läßt sich öffentliche Verantwortung delegieren?, Sparkasse 1985, 129

Heinrich, Michel: Die Fördergeschäftsbeziehung zwischen Genossenschaft und Mitglied, Göttingen 1987

Heinrichs, Friedrich-Wilhelm: Grundprinzipien des Sparkassenwesens sind unverzichtbar, Städte- und Gemeinderat 1989, 111

Hellermann, Johannes: Örtliche Daseinsvorsorge und gemeindliche Selbstverwaltung, Tübingen 2000

Helm, Sven Andreas: Die Deutsche Lufthansa AG: ihre gesellschafts- und konzernrechtliche Entwicklung – eine wirtschaftsrechtlich-historische Analyse der Privatisierungsschritte, Frankfurt a.M.-Berlin-Bern-Bruxelles-New York-Wien 1999

Henke, Claudia: Tour de Banques: Die letzten Etappen, Die Bank 2001, 88

Henneke, Hans-Günther: Öffentliches Finanzwesen/Finanzverfassung, Heidelberg 1990

—: Sparkassen – Quo vadis?, NdsVBl. 2000, 129

—: Beeilt euch zu handeln, bevor es zu spät ist zu bereuen, NdsVBl. 2002, 113

Herz, Bernhard: Europäischer Binnenmarkt und die Perspektiven der Sparkassen-Privatisierung, in: Deregulierung und Privatisierung: Gewolltes – Erreichtes – Versäumtes, Hrsg. Hartmut Berg, Berlin 2002, 131

Hettrich, Eduard/Pöhlmann, Peter: Genossenschaftsgesetz, Kommentar, München 1995

Hirschberger, Winfried: Stammkapital für Sparkassen – eine Vorbereitung der Trennung von Kommune und Sparkasse?, Kreditwesen 1999, 776

Höhn, Reinhard: Wofür haftet der Aufsichtsrat einer Genossenschaft persönlich?, Bad Harzburg 1981

Hofinger, Hans/Riesenfelder, Susanne: Umwandlung der französischen Sparkassen in Genossenschaftsbanken – Gemeinsamkeiten und Unterschiede zu Genossenschaften nach dem System Schulze-Delitzsch, Gewerbliche Genossenschaft 2000, 22

Horn, Hans-Detlef: Sparkassen privatisieren? Anmerkungen zum (bayerischen) Stand der Dinge, Sparkasse 1999, 187

Hüttermann, Marcus U.: Privatisierungsverfahren aus gesamtwirtschaftlicher Sicht, Göttingen 1995

Hughes, Goeffrey: Die geschichtliche Entwicklung der Sparkassen in Großbritannien, in: Die Sparkassen in der EG – historische Entwicklung und Zukunftsperspektiven / Sparkassenhistorisches Symposium 1989, Hrsg. Gesellschaft zur Förderung der wissenschaftlichen Forschung über das Spar- und Girowesen e.V., Stuttgart 1990, 48

Humm, Hubert: Bankenaufsicht und Währungssicherung, Berlin 1989
Igelspacher, Alois: Die Bundeszuständigkeit im kommunalen Sparkassenwesen, Diss. München 1971
Internationales Institut der Sparkassen: Internationales Sparkassen Handbuch, Genf 1975
Ipsen, Jörn (Hrsg.): Sparkassen im Wandel – 3. Bad Iburger Gespräche – Symposium des Instituts für Kommunalrecht der Universität Osnabrück am 21. Oktober 1992, Köln-Berlin-Bonn-München 1993
—: Niedersächsisches Kommunalrecht, 2. Auflage, Stuttgart-München-Hannover-Berlin-Weimar-Dresden 1999
Jabornegg, Peter: Gesellschaftsrechtliche Fragen der Gründung von Sparkassenaktiengesellschaften, ÖBA 1990, 82
Jakop, Wolfgang: Die Sparkassen und der Einfluss des Bundesgesetzgebers: insbesondere auf Vorstandsbesetzungen, Stuttgart-München-Hannover 1990
Jarass, Hans D.: Wirtschaftsverwaltungsrecht: mit Wirtschaftsverfassungsrecht, 3.Auflage, Neuwied-Kriftel-Berlin 1997
—: Zur Subsidiarität des Gewährträgerhaftung bei öffentlich-rechtlichen Banken, WM 2002, 941
Jarass, Hans D./Pieroth, Bodo: Grundgesetz für die Bundesrepublik Deutschland, Kommentar, 6. Auflage, München 2002
Josten, Annette: Ein Markstein in der Sparkassengeschichte Großbritanniens, Sparkasse 1995, 580
—: Aktuelle Entwicklungen im italienischen Bankensystem, Sparkasse 1996, 317
Kallmeyer, Harald (Hrsg.): Umwandlungsgesetz, Kommentar, 2. Auflage, Köln 2001
Karl-Bräuer-Institut des Bundes der Steuerzahler (Hrsg.): Privatisierung von Sparkassen und Landesbanken, Heft 78, Wiesbaden 1994
Kaspar, Herbert: Österreichische Sparkassen: Fusionen, Kreditwesen 1990, 1032
Kemmler, Iris: Keine Anstalt ohne Anstaltslast, DVBl. 2003, 100
Keßler, Alice/Riekeberg, Marcus: Privatisierung kommunaler Sparkassen – Wissenschaftlich fundierte Forderung oder ideologisch geführte Diskussion?, ÖBA 1999, 279
Kessler, Thomas: Aufsichtskonkurrenz im Sparkassenwesen – Eine Untersuchung der verschiedenen Aufsichtsarten über die Sparkassen auf ihre möglichen Überschneidungen, Diss. Tübingen 1987
Ketzel, Eberhart: Privatisierung der Sparkassen – nicht zu Ende gedacht, Wirtschaftsdienst 1990, 623
Kirchhof, Ferdinand/Henneke, Hans-Günther: Entwicklungsperspektiven kommunaler Sparkassen in Deutschland, Stuttgart-München-Hannover-Berlin-Weimar-Dresden 2000

Kirchhof, Paul: Die Rechtspflicht zur Übertragung von Zweigstellen nach einer kommunalen Neugliederung – Voraussetzungen und Inhalt der Übertragungspflicht, dargestellt am Beispiel des Sparkassengesetzes Nordrhein-Westfalen, Heidelberg 1984

Klein, Jochen: Das Sparkassenwesen in Deutschland und Frankreich, Berlin 2003

Klein, Mikko: Die Privatisierung der Sparkassen und Landesbanken, Frankfurt a.M.-Berlin-Bern-Bruxelles-New York-Oxford-Wien 2003

Klock, Ernstgünter: Leistungssteigerung durch Konzentration, Diss. Marburg/ Lahn 1968

Klose, Holger: Zusatzgrundkapital für eingetragene Genossenschaften: neue Wege zur Stärkung der Eigenkapitalausstattung eingetragener Genossenschaften, Göttingen 1998

Kluge, Arnd Holger: Geschichte der deutschen Bankgenossenschaften -Zur Entwicklung mitgliederorientierter Unternehmen, Frankfurt a.M. 1991

Knauss, Fritz: Privatisierung in der Bundesrepublik Deutschland 1983-1990, in: Privatisierung und Beteiligungspolitik in der Bundesrepublik Deutschland, Hrsg. Fritz Knauss, Baden-Baden 1993, 121

Knemeyer, Franz-Ludwig: Privatisierung öffentlicher Aufgaben, WiVerw 1978, 65

Koch, Thorsten: Der rechtliche Status kommunaler Unternehmen in Privatrechtsform, Baden-Baden 1994

Köhler, Klaus: Die Beschränkungen des Wirkungsbereiches der kommunalen Sparkassen durch die horizontale und vertikale Kommunalgliederung in Nordrhein-Westfalen: zum Regional- und Subsidiaritätsprinzip im Sparkassenwesen, Berlin 1969

Kohl, Helmut: Gemeinsame Verantwortung für den Aufschwung in Deutschland, Sparkasse 1995, 245

Kohlhof, Joachim/Wilke, Doreen: Perspektiven zur Privatisierung öffentlich-rechtlicher Sparkassen, Idstein 1997

Krölls, Albert: Rechtliche Grenzen der Privatisierungspolitik, GewArch 1995, 129

Kronberger Kreis (Donges, B.Juergen/Eekhoff, Johann/Möschel, Wernhard u.a.): Privatisierung von Landesbanken und Sparkassen, Hrsg. Frankfurter Institut – Stiftung Marktwirtschaft und Politik, Schriftenreihe: Band 38, Bad Homburg 2001

Krüger, Markus: „Traumkombination", Bankinformation 2003, 9

Kupitz, Rolf: Die Kreditwirtschaft als wettbewerbspolitischer Ausnahmebereich: ein Beitrag zur ökonomischen Begründung der Regelungen des Gesetzes über das Kreditwesen und des Gesetzes gegen Wettbewerbsbeschränkungen, Diss. Köln 1982

Kübler, Friedrich: Gesellschaftsrecht – Die privatrechtlichen Ordnungsstrukturen und Regelungsprobleme von Verbänden und Unternehmen, 5. Auflage, Heidelberg 1998

Lambsdorff, Otto Graf von: Soll der Staat Bankgeschäfte betreiben?, Kreditwesen 1993, 602

—: Die deutsche Kreditwirtschaft vor den Herausforderungen des Europäischen Binnenmarktes, in: Sparkassen im Wandel – 3. Bad Iburger Gespräche – Symposium des Instituts für Kommunalrecht der Universität Osnabrück am 21. Oktober 1992, Hrsg. Jörn Ipsen, Köln-Berlin-Bonn-München 1993, 3

Lang, Egon/Weidmüller, Ludwig/Metz, Egon/Schaffland, Hans-Jürgen: Genossenschaftsgesetz, Kommentar (Gesetz, betreffend die Erwerbs- und Wirtschaftsgenossenschaften), 33. Auflage, Berlin-New York 1997

Lange, Christoph: Privatisierung der Rechtsform: Umwandlung öffentlicher Einheiten in Kapitalgesellschaften, Frankfurt a. M.-Bern-New York-Nancy 1984

Larch, Martin/Schröder, Ulrich: Reform und Privatisierung der italienischen Sparkassen, Bulletin Deutsche Bank Research 2000, 17

Laudenbach, Hans-Jörg: Organisationsform Aktiengesellschaft für kommunale Sparkassen – (k)eine Alternative zur Lösung der Eigenkapitalprobleme bei öffentlich-rechtlichen Sparkassen, Diss. Heidelberg 1994

Loesch, Achim von: Privatisierung öffentlicher Unternehmen – Ein Überblick über die Argumente, 2.Auflage, Baden-Baden 1987

Löwer, Wolfgang: Energieversorgung zwischen Staat, Gemeinde und Wirtschaft, DVBl. 1991, 132

—: Privatisierung von Sparkassen, ZBB 1993, 108

Lüke, Olaf: Chancen für Genossenschaften im Zuge der Privatisierung – Ein Überblick über die prinzipiell bestehenden Möglichkeiten sowie fördernde und hemmende Kräfte in Gesellschaft und Recht, Aachen 2001

Lutter, Marcus (Hrsg.): Umwandlungsgesetz, Kommentar, 2. Auflage, Köln 2000

Madeja, Alfons: Der öffentliche Auftrag von Spargirobanken, Frankfurt a.M.-Bern-NewYork 1984

Mailly, Isabel: Reform des österreichischen Sparkassengesetzes, Sparkasse 1999, 138

Martin, Frank: Wettbewerbliche Neuorientierung von Kreditgenossenschaften: – eine Betrachtung unter besonderer Berücksichtigung transaktionskostenökonomischer Überlegungen zum Finanzverbund, Berlin 1994

Maurer, Hartmut: Allgemeines Verwaltungsrecht, 14.Auflage, München 2002

Mauri, Ezio: Italien – Sparkassen und Bankgesetz, Kreditwesen 1994, 581

Meyer-Horn, Klaus: Die Reform der britischen Sparkassen, Sparkassen 1987, 105

—: Die Sparkassen im europäischen Finanzraum von 1992 – Betrachtungen aus Brüsseler Sicht, Sparkasse 1989, 15
Meyer-Köster, Jürgen: Die Sonderstellung der Sparkassen im Wettbewerb, Göttingen 1979
Metz, Horst: Gesetz zur Herstellung einer einheitlichen Sparkassenstruktur im Freistaat Sachsen, Kreditwesen 2002, 747
Möschel, Wernhard: Privatisierung, Deregulierung und Wettbewerbsordnung, JZ 1988, 885
—: Privatisierung als ordnungspolitische Aufgabe, in: Sparkassen im Wandel – 3. Bad Iburger Gespräche – Symposium des Instituts für Kommunalrecht der Universität Osnabrück am 21. Oktober 1992, Hrsg. Jörn Ipsen, Köln-Berlin-Bonn-München 1993, 117
—: Privatisierung der Sparkassen –Zu den jüngsten Vorschlägen der Monopolkommission, WM 1993, 93
—: Anstaltslast bei öffentlich-rechtlichen Kreditinstituten – Zur Vereinbarung von Brüssel, WM 2001, 1895
Moster, Antoine: Die französischen Sparkassen vor neuer Standortbestimmung – Sparkassenkongress in Strasbourg erörtert Strategieplanung, Sparkasse 1987, 187
—: Die geschichtliche Entwicklung der Sparkassen in Frankreich von 1818 bis 1965, in: Die Sparkassen in der EG – historische Entwicklung und Zukunftsperspektiven / Sparkassenhistorisches Symposium 1989, Hrsg. Gesellschaft zur Förderung der wissenschaftlichen Forschung über das Spar- und Girowesen e.V., Stuttgart 1990, 19
—: Sparkassenreform in Frankreich: Die Genossenschaft als Rechtsform, Sparkasse 1999, 549
Müller, Günther: Das Problem einer Neustrukturierung des Kreditgenossenschaftlichen Verbundes, Diss. Mannheim 1976
Müller, Klaus: Kommentar zum Gesetz betreffend die Erwerbs- und Wirtschaftsgenossenschaften, Erster Band (§§ 1-33), Bielefeld 1991
Mura, Jürgen: Zur Geschichte des deutschen Sparkassenrechts von den Anfängen bis 1945, Sparkassen 1983, 69
—: Zur Geschichte des deutschen Sparkassenrechts seit 1945, Sparkasse 1983, 260
—: Zur Geschichte des Personalkredits der deutschen Sparkassen, Sparkasse 1985, 277
—: Zur Geschichte des Spargeschäfts der Sparkassen von den Anfängen bis 1945, Sparkasse 1995, 88
—: Zur Geschichte des Spargeschäfts der Sparkassen seit 1945, Sparkasse 1995, 229

Nachbaur, Markus: Vertikale Verbundkooperation zwischen Sparkassen und Girozentralen, Frankfurt a.M.-Berlin-Bern-New York-Paris-Wien 1995
Naser, Siegfried: Sparkassen und Kommunen – Europa und Wettbewerb, Kreditwesen 2001, 531
Neuber, Friedel: Aufgaben der öffentlichen Banken in einem größeren Europa, Sparkasse 1992, 166
Neuhoff, Klaus: Die Reform der Sparkassen ist auch eine Stiftungsreform, Die Bank 2001, 890
Nierhaus, Michael: Zur kommunalen Bindung und Aufgabenstellung der Sparkassen, DÖV 1984, 662
—: Sparkassen zwischen öffentlichem Auftrag und Wettbewerbsfunktion – Zur Unternehmensphilosophie der Sparkassen, Sparkasse 1985, 12
—: Regionalprinzip und Sparkassenhoheit im europäischen Bankenbinnenmarkt, in: Sparkassen im Wandel – 3. Bad Iburger Gespräche – Symposium des Instituts für Kommunalrecht der Universität Osnabrück am 21. Oktober 1992, Hrsg. Jörn Ipsen, Köln-Berlin-Bonn-München 1993, 65
Nürk, Bettina: Privatisierung von Sparkassen und Landesbanken – überzeugende Gegenargumente fehlen, Bulletin Deutsche Bank Research 1995, 20
Obermann, Holger: Die kommunale Bindung der Sparkassen: Verfassungsrechtliche Möglichkeiten und Grenzen ihrer Ausgestaltung, Stuttgart-Berlin-Köln 2000
Oebbecke, Janbernd: Rechtsfragen der Eigenkapitalausstattung der kommunalen Sparkassen, Siegburg 1980
—: Brauchen wir noch Sparkassen?, der gemeindehaushalt 2001, 169
—: Das Europarecht als Katalysator der Sparkassenpolitik, VerwArch 2002, 278
—: Kommunen und Sparkassen: Zur Zukunft der kreditwirtschaftlichen Versorgung, Kreditwesen 2002, 734
Oellerking, Claus/Holzgrabe, Manfred: Sparkassen und Genossenschaftsbanken im Spannungsverhältnis zwischen Moral und Ökonomie: Strukturelemente, Organisationsgrundsätze und Geschäftspolitik: ein Beitrag zur Geschichte und zur Strukturdiskussion für die 90er Jahre der Sparkassen und Genossenschaftsbanken als Glieder des Bankensektors der Bundesrepublik Deutschland, Frankfurt a.M.-Bern-New York-Paris 1990
Ohlmeyer/Gördel: Das Kreditgeschäft der Kreditgenossenschaften, Hrsg. BVR, 10.Auflage, Wiesbaden 1995
Ohlmeyer, Dietrich/Kuhn, Erwin/Philipowski, Rüdiger: Verschmelzung von Genossenschaften, 6. Auflage, Wiesbaden 1998
ohne Verfasserangabe: Kein Präzedenzfall in Marktredwitz, Süddeutsche Zeitung vom 15.07.1999, S.26

ohne Verfasserangabe: Fusion mit Sparkasse, Genossenschaftsblatt vom 15.05.2000, S.48
ohne Verfasserangabe: Kooperation von Volksbank und Sparkasse soll Marktposition stärken, Handelsblatt vom 12.12.2000, S.20
ohne Verfasserangabe: „Spiel mit dem Feuer", Hannoversche Allgemeine Zeitung vom 21.12.2002, S.12
Paaßen, Volker: Die finanzielle Beteiligung an einer Kreditgenossenschaft: Ein Beitrag zur ökonomischen Analyse von Institutionen, Münster 1991
Palmen, Hans-Richard: Zwischen öffentlichem Auftrag und Wettbewerb, Kreditwesen 1999, 778
Pautsch, Arne: Privatisierung des öffentlichen Bankensektors, München 2003
Pfisterer, Hans: Die geschichtliche Entwicklung der Sparkassen in den EG-Ländern seit 1957, in: Die Sparkassen in der EG – historische Entwicklung und Zukunftsperspektiven / Sparkassenhistorisches Symposium 1989, Hrsg. Gesellschaft zur Förderung der wissenschaftlichen Forschung über das Spar- und Girowesen e.V., Stuttgart 1990, 63
Pinkwart, Andreas: Die Bürgersparkasse/Bürgersparkasse AG als erweitertes Teilprivatisierungsmodell, das rathaus 1988, 688
Posch, Dieter: Gedanken zur (Neu-)Gestaltung des Sparkassenwesens in Hessen, Kreditwesen 2002, 749
Püttner, Günter: Öffentliche Unternehmen als Instrument staatlicher Politik – Zum Thema 1 des XIX. Kongresses von IIAS in Berlin-, DÖV 1983, 697
—: Die öffentlichen Unternehmen, Ein Handbuch zu Verfassungs- und Rechtsfragen der öffentlichen Wirtschaft, 2.Auflage, Stuttgart-München-Hannover 1985
—: Rechtliche Grundlagen der öffentlichen Unternehmen, in: Die Unternehmen der öffentlichen Wirtschaft in der Bundesrepublik Deutschland – ein Handbuch, Hrsg. Helmut Brede/Joachim v. Loesch, Baden-Baden 1986, 57
—: Das Sparkassenrecht in Deutschland: Entwicklung und Tendenzen, Kreditwesen 1994, 840
Purbach, Volker: Die Auswirkungen des Binnenmarktes auf die Sparkassen und ihre öffentlich-rechtliche Verankerung – Privatisierung der Sparkassen, Diss. Würzburg 1994
Raabe, Karl-Heinz: Projektionen eines „Korridors" für den Staatsektor, in: Der Staatssektor in der sozialen Marktwirtschaft, Hrsg. Dieter Duwendag, Berlin 1976, 37
Raiffeisenbank eG, Kaltenkirchen: Jahresabschluss 2002, Dialog 2003, Bilanzbeilage 3, 2
Raschauer, Bernhard: Anmerkungen zur Neuordnung des Sparkassenrechts, ÖBA 1993, 445

Rauter, Anton: Die genossenschaftlichen Prinzipien und die Bedeutung für den genossenschaftlichen Fortschritt, in: Die Prinzipien des Genossenschaftswesens in der Gegenwart / Festschrift für Vesa Laakkonen, Hrsg. Juhani Laurinkari, Nürnberg 1986, 162

Ray, Alain Le/Milhaud, Charles: Eine Reform für eine neue Entwicklungsphase der französischen Sparkassengruppe, Paris 2000

Rehm, Hannes: Öffentlich-rechtliche Sparkassen: Privatisierung, weil erfolgreich im Wettbewerb?, WM 1993, 133

—: Diskussion über Sparkassenprivatisierung – eine Herausforderung, Sparkasse 1993, 173

Reul, Adolf: Das Konzernrecht der Genossenschaften, Baden-Baden 1997

Röper, Burkhardt: Die Wettbewerbsfunktion der deutschen Sparkassen und das Subsidiaritätsprinzip: eine wettbewerbspolitische Analyse, Berlin 1973

Sandkühler, Gerd: Bankrecht: ein Leitfaden für Ausbildung und Praxis, Köln-Berlin-Bonn-München 1992

Schierenbeck, Henner: Genossenschaftliches Zentralbankensystem – Chancen und Risiken der Zweistufigkeit, Wiesbaden 1988

Schlierbach, Helmut/Püttner, Günter: Das Sparkassenrecht in der Bundesrepublik Deutschland, 4.Auflage, Stuttgart 1998

Schmidhuber, Heinrich: Der öffentliche Auftrag der Sparkassen würde mit einer Privatisierung aufgegeben, Sparkasse 1993, 348

Schmidt, Dirk: Die Verständigung von Brüssel als Beginn einer Reformphase, Kreditwesen 2002, 726

—: Das Bayernmodell: Beleihung von Privatpersonen mit Staatsaufgaben, Kreditwesen 2003, 180

Schmidt, Olaf: Das DSL-Bank Modell: Privatisierung eines öffentlichen Unternehmens bei fortbestehenden öffentlichen Interesse, Berlin 1992

Schmidt, Oliver: Ende einer Ära: Was wird aus Sparkassen und Landesbanken, Wirtschaftsdienst 2001, 346

Schmidt, Reiner: Öffentliches Wirtschaftsrecht: Allgemeiner Teil, Berlin-Heidelberg 1990

Schmitt, Joachim/Hörtnagl, Robert/Stratz, Rolf-Christian: Umwandlungsgesetz/ Umwandlungssteuergesetz, Kommentar, 3. Auflage, München 2001

Schoch, Friedrich K.: Privatisierung der Abfallentsorgung, Köln-Berlin-Bonn-München 1992

—: Der Beitrag des kommunalen Wirtschaftsrechts zur Privatisierung öffentlicher Aufgaben, DÖV 1993, 377

—: Privatisierung von Verwaltungsaufgaben, DVBl. 1994, 962

Schröder, Gerhard: Privatisierungsdiskussion nicht im Sinne der Kunden, Sparkasse 1995, 249

Schröder, Jens: Der moderne Förderauftrag im Gründungsgeschäft der Kreditgenossenschaften: Herleitung, Funktion und Möglichkeiten der Umsetzung, Münster 1997
Schröer, Henning: Europäische Zusammenschlusskontrolle/Deutsche Zusammenschlusskontrolle, in: Handbuch zum deutschen und europäischen Kartellrecht, Hrsg. Knut Werner Lange, Heidelberg 2001, 395/462
Schuler, Michael: Sortimentspolitik und Förderungsauftrag in Bankgenossenschaften – Nichtbanktraditionelle Dienstleistungsangebote als Inhalt und Ausdrucksform des Förderungsauftrages, Stuttgart-Hohenheim 1989
Schulze-Borges, Bernd: Innerbetriebliche Kontrollprobleme bei Sparkassen und Landesbanken Girozentralen, Diss. Hannover 1981
Schultz, Reinhard: Genossenschaftslehre, 2. Auflage, Berlin-New York 1983
Schuster, Leo: Rechtsformüberlegungen im Widerstreit der ökonomischen und politischen Vernunft, Sparkasse 1995, 423
Seewald, Otfried: Kommunalrecht, in: Besonderes Verwaltungsrecht, Hrsg. Udo Steiner, 6. Auflage, Heidelberg 1999, 1
Selbach, Reiner: Risiko und Risikopolitik bei Kreditgenossenschaften, Berlin 1987
—: Die Kreditgenossenschaften im Wettbewerb der Bankengruppen: eine Analyse der Stellung und der Perspektiven der genossenschaftlichen Bankengruppe im Gruppenwettbewerb des bundesdeutschen Universalbanksystems, Berlin 1991
Siebelt, Johannes: Der juristische Verhaltensspielraum der Zentralbank: „vorrechtliches Gesamtbild“ und Verfassungsauftrag an den Gesetzgeber, Baden-Baden 1988
Sparkasse Emsland: Jahresabschluss 2002, Bundesanzeiger vom 30.04.2003
Sparkasse Nienburg: Jahresabschluss 2002, Bundesanzeiger vom 24.07.2003
Sparkasse Stade-Altes Land: Jahresabschluss 2002, Bundesanzeiger vom 01.07.2003
Speck, Ludwig/Wilsdorf, Manfred: Die Liquiditätsverhältnisse der deutschen Sparkassen, Berlin 1956
Sprengel, Hans-Erhard: Sparkassenrecht – Bundes- oder Landesrecht? – Die Gesetzgebungszuständigkeit auf dem Gebiete des Sparkassenwesens, DÖV 1952, 69
—: Die Erneuerung des Sparkassenrechts in der Bundesrepublik Deutschland – Grundriss der Rechtsform, Wien 1967
Stanovsky, Ralf Karl: Privatisierung von Sparkassen, Marburg 1998
Steding, Rolf: Die Produktivgenossenschaften im deutschen Genossenschaftsrecht: eine Studie zur Genese und Exegese des § 1 Abs.4 GenG, Göttingen 1995

Steinbrück, Peer: Gedanken zur (Neu-)Gestaltung des Sparkassenwesens in Nordrhein-Westfalen, Kreditwesen 2002, 750

Steiner, Jürgen: Bankenmarkt und Wirtschaftsordnung – Sparkassen und Landesbanken in der Privatisierungsdiskussion, Frankfurt a.M. 1994

Stern, Klaus/Burmeister, Joachim: Die kommunalen Sparkassen – Verfassungs- und verwaltungsrechtliche Probleme, Stuttgart-Berlin-Köln-Mainz, 1972

Stern, Klaus/Nierhaus, Michael: Rechtsfragen der Neuordnung des Sparkassenwesens als Folge kommunaler Neugliederung: dargestellt am Raum Köln, München 1976

Stober, Rolf: Allgemeines Wirtschaftsverwaltungsrecht, 12 Auflage, Stuttgart-Berlin-Köln 2000

Storr, Stefan: Der Staat als Unternehmer: Öffentliche Unternehmen in der Freiheits- und Gleichheitsdogmatik des nationalen Rechts und des Gemeinschaftsrechts, Tübingen 2001

Strauß, Franz Josef: Franz Josef Strauß zur Privatisierung und zum öffentlichen Auftrag der Sparkassen, Sparkasse 1987, 45

Streuber, Hans Otto: Neues rheinland-pfälzisches Sparkassenrecht: Der erste Schritt für ein Zukunftsmodell, in: Perspektiven der kommunalen Sparkassen / Symposium des Freiherr-vom-Stein-Institutes, am 24. Februar 2000, Hrsg. Janbernd Oebbecke/Joachim Bauer/Hermann Pünder, Münster 2000, 97

—: Europa und die deutsche Sparkassenorganisation, Speyerer Vorträge Heft 66, Hrsg. Deutsche Hochschule für Verwaltungswissenschaften Speyer, Speyer 2001

Sulz, Gottfried: Steuerfolgen der Umwandlung einer Sparkasse in eine Privatstiftung, ÖBA 1999, 449

Szagunn, Volkhardt/Haug, Ulrich/Ergenzinger, Wilhelm: Gesetz über das Kreditwesen: in der Fassung vom 22 Januar 1996, Kommentar, 6. Auflage, Stuttgart-Berlin-Köln 1997

Thieme, Werner: Subsidiaritätsprinzip im Sparkassenrecht?, Sparkassen 1962, 179

Thode, Bernd: Veräußerung öffentlich-rechtlicher Versicherungsunternehmen in der Bundesrepublik Deutschland unter Berücksichtigung vergleichbarer Probleme bei öffentlich-rechtlichen Sparkassen und Landesbanken, Hamburg 1994

—: Zur Gewährträgerhaftung und Anstaltslast bei Sparkassen und Landesbanken, Sparkasse 1994, 134

Tochtermann, Axel: Der Haftsummenzuschlag der Kreditgenossenschaften als haftendes Eigenkapital im Sinne des KWG – Eine Untersuchung seiner gesellschaftsrechtlichen, aufsichtsrechtlichen und wettbewerbspolitischen Bedeutung, Göttingen 1980

Tomalla, Ralf-Georg: Notwendigkeiten und Maßnahmen der Eigenkapitalbildung in Bankgenossenschaften, Stuttgart-Hohenheim 1987

Trende, Adolf: Geschichte der deutschen Sparkassen bis zum Anfang des 20. Jahrhunderts, Stuttgart 1993=Stuttgart 1957

Trosky, Andrea: Deutsche Kreditinstitute aus institutionen-ökonomischer Sicht, Hamburg 1996

Tsibanoulis, Dimitris: Die genossenschaftliche Gründungsprüfung, Frankfurt a.M.-Bern-New York 1987

Turner, George: Die eingetragene Genossenschaft im System des Gesellschaftsrechts: zugleich ein Beitrag zur Wahl der Unternehmensform, insbesondere in den neuen Bundesländer, Göttingen 1992

Twiehaus, Uwe: Die öffentlich-rechtlichen Kreditinstitute, Göttingen 1965

Verband der Deutschen Freien Öffentlichen Sparkassen e.V.: Jahresbericht 2002, Frankfurt a.M. 2003

Viehoff, Felix: Wirtschaftlicher Mittelstand und genossenschaftliche Bankpolitik, Frankfurt a.M. 1979

Vitzthum, Wolfgang: Gemeinderechtliche Grenzen der Privatisierung kommunaler Wirtschaftsunternehmen, AöR 104 (1979), 580

Volksbank Lübeck-Landbank von 1902 EG, Lübeck: Jahresabschluss 2002, Dialog 2003, Bilanzbeilage 3, 4

Vonderheid, Ulrich: Grenzen der Privatisierung von Sparkassen, ZögU 1991, 269

VR Bank eG, Niebüll: Jahresabschluss 2002, Dialog 2003, Bilanzbeilage 3, 6

Waechter, Kay: Kommunalrecht: Ein Lehrbuch, 3.Auflage, Köln-Berlin-Bonn-München 1997

Wächter, Klaus: Was bedeutet Brüssel für die freien Sparkassen, Kreditwesen 2001, 535

Wagner, Jürgen: Das neue Umwandlungsrecht: Gesetze – Begründungen – Materialien, Bonn 1994

Wagner, Kurt: Die Deutsche Kreditwirtschaft, Frankfurt a.M. 1970

Wahl, Rainer: Die Einschaltung privatrechtlich organisierter Verwaltungseinrichtungen in den Straßenbau, DVBl. 1993, 517

Wallenberg, Gisela v.: Kartellrecht, 2. Auflage, Neuwied-Kriftel 2002

Weber, Bernhard: Öffentliche Unternehmen unter besonderer Berücksichtigung kommunaler Sparkassen, Bergisch-Gladbach-Köln 1990

Weides, Peter: Zur Eigenständigkeit des Sparkassenrechts gegenüber dem Kommunalrecht, DÖV 1984, 41

Weiß, Wolfgang: Privatisierung und Staatsaufgaben: Privatisierungsentscheidungen im Lichte einer grundrechtlichen Staatsaufgabenlehre unter dem Grundgesetz, Tübingen 2002

Weizäcker, Richard von: Sparkassen bleiben öffentlich, Wertpapier 1985, 588

Wiedemann, Arnd: Verbundstrategie für Kreditgenossenschaften, Bern-Stuttgart 1992

Winter, Hans-Werner: Genossenschaftswesen, Stuttgart-Berlin-Köln-Mainz 1982

Witte, Jürgen/Rafiqpoor, Parwäz: Privatisierung öffentlich-rechtlicher Kreditinstitute, WM 2003, 1885

Zügel, Walther: Eigenkapital im europäischen Bankenwettbewerb – Konsequenzen für die Position der deutschen Sparkassen, Kreditwesen 1991, 1092

—: Die Sparkassen zwischen öffentlicher Aufgabe und kreditwirtschaftlichem Wettbewerb, in: Sparkassen im Wandel – 3. Bad Iburger Gespräche – Symposium des Instituts für Kommunalrecht der Universität Osnabrück am 21. Oktober 1992, Hrsg. Jörn Ipsen, Köln-Berlin-Bonn-München 1993, 13

Kolibri 360 GmbH
Ferdinand-Jühlke-Straße 7
99095 Erfurt, Deutschland
produktsicherheit@kolibri360.de

Druck:
CPI Druckdienstleistungen GmbH
im Auftrag der
Kolibri 360 GmbH
Ferdinand-Jühlke-Str. 7
99095 Erfurt